高等教育
信息化的理论与实践探索

宋银丽 ◎ 著

吉林出版集团股份有限公司
全国百佳图书出版单位

图书在版编目（CIP）数据

高等教育信息化的理论与实践探索 / 宋银丽著. --

长春：吉林出版集团股份有限公司，2023.6
　　ISBN 978-7-5731-3845-3

Ⅰ. ①高… Ⅱ. ①宋… Ⅲ. ①高等教育－信息化－研

究－中国 Ⅳ. ①G649.2

中国国家版本馆CIP数据核字（2023）第135954号

GAODENG JIAOYU XINXIHUA DE LILUN YU SHIJIAN TANSUO
高 等 教 育 信 息 化 的 理 论 与 实 践 探 索

著　　者	宋银丽	
责任编辑	张婷婷	
装帧设计	朱秋丽	
出　　版	吉林出版集团股份有限公司	
发　　行	吉林出版集团青少年书刊发行有限公司	
地　　址	吉林省长春市福祉大路 5788 号（130118）	
电　　话	0431-81629808	
印　　刷	北京昌联印刷有限公司	
版　　次	2023 年 6 月第 1 版	
印　　次	2023 年 6 月第 1 次印刷	
开　　本	787 mm×1092 mm　　1/16	
印　　张	11	
字　　数	240 千字	
书　　号	ISBN 978-7-5731-3845-3	
定　　价	76.00元	

前　言

　　教育信息化作为社会信息化的核心力量，其发展的好坏直接关系到国家的盛衰与社会进步，而作为孕育新理论、产生新科技的摇篮，高校理应走在教育信息化发展的前端，引领教育信息化发展的大方向。教育信息化是高校实现教育现代化，提高人才培养质量的必然选择，高校教育信息化的建设水平关系到高校的发展和综合实力的提升，高校教育信息化是增强高校核心竞争力和综合实力的重要手段。

　　本书以高等教育信息化的理论与实践两个方面为核心，首先介绍了教育信息化和高等教育信息化的基本内容，其次分析了高等教育信息化的实现方法，再次详细探讨了高校信息化教学应用建设、信息技术与课程整合及信息技术在高等教育教学实践中的应用，最后在高等教育信息素养提升与培养方面做出重要讲解和梳理。

　　另外，本书在撰写过程中借鉴了一些专家的学术成果，在此对相关作者表示感谢。受限于笔者的学识与经验，本书中浅陋之处在所难免，诚恳地期待广大读者批评指正。

目　录

第一章　高等教育信息化

　　教育信息化是伴随着信息技术的迅速进步和信息社会的到来而出现的，是国家信息化的关键和重要组成部分。教育信息化包括教学环境的信息化、教学资源的信息化、教学思想与教学模式的信息化、教学管理的信息化及教学评价的信息化等内容。在经历了起步阶段的基础设施建设和初步发展阶段的信息技术应用之后，目前已经基本实现了信息技术在学科教学中的运用，未来教育信息化的目标将更加关注信息技术与学科课程的深度有效融合，以便更好地发挥信息技术对学科教学的促进作用。同时，教育信息化也对新一轮课程与教学改革产生了重要影响，而教育改革的深入推进又对教育信息化提出了新的要求。因此，只有正确认识和处理教育信息化与教育改革之间的关系，才能稳步推进教育信息化与教育改革的进程。20 世纪末以来，以计算机技术、网络技术和通信技术的快速进步为代表的信息化正在引发当今世界的深刻变革，并塑造了世界经济、政治、文化、社会和军事等发展的新格局，同样也引发了教育领域的重大变革，这不仅体现在人类学习方式、思维方式的改变上，还表现为课程的表现形式、课堂的教学组织形式及学校的管理方式、教学评价方式和教育管理模式的变化等。教育信息化作为以信息技术变革学校教育的体现，它是一个促进学校教育变革、提高学生信息素养、推动教育现代化的漫长过程，需要在与教育改革的有机结合中相互促进且不断走向深入。

第一节　教育信息化的内涵

　　1997 年我国召开的首届全国信息化工作会议曾提出，"信息化是培育、发展以智能化工具为代表的新的生产力并使之造福于社会的历史进程"。2006 年公布的《2006—2020 年国家信息化发展战略》又进一步指出："信息化是充分利用信息技术，开发利用信息资源，促进信息交流和知识共享，提高经济增长质量，推动经济社会发展转型的历史进程。"教育信息化是信息化在教育中的体现，也是国家信息化的重要组成部分。同时，它还肩负着培养信息化新型人才的重任，是最终实现整体国家信息化的主要途径。

一、教育信息化的概念

"信息化"的概念是在近半个世纪的时间里经过"知识产业""信息经济""信息产业""信息社会"等一系列概念发展演变而来的。"教育信息化"的概念从一开始就与信息通信技术保持着密切的联系。1999年6月,《中共中央国务院关于深化教育改革和全面推进素质教育的决定》中提出要"大力提高教育技术手段的现代化水平和教育信息化程度",这是政府文件中首次提出教育信息化的概念。可以说,"教育信息化"一词体现着东方语言的思维,西方国家通常将其称为电子教育、信息化教育(E-education)、信息化学习或者电子学习(E-learning)。目前,学术界对这一术语众说纷纭,却没有形成统一的界定,归结起来可以分为宏观、中观和微观三个层面。

在宏观层面上,教育信息化强调将信息技术作为促进适应信息社会对人才培养需求而进行学校教育改革的推动力量,是现代学校教育体系的重要体现。例如,黄荣怀等人曾指出,"教育信息化是在教育领域全面深入地运用现代化信息技术来促进教育改革和教育发展的过程,其结果必然是形成一种全新的教育形态——信息化教育"。在中观层面上,教育信息化不仅重视信息技术对学校教育改革的推动作用,也指出了信息的应用方式,即强调现代信息技术在学校教育中的应用。例如,何克抗将教育信息化理解为"信息与信息技术在教育、教学领域和教育、教学部门的普遍应用与推广"。另外,也有学者将教育信息化理解为"将信息技术充分整合并应用到教育系统之中,在一定程度上实现教育教学、组织管理、校园生活服务等活动的数字化、网络化、虚拟化,从而提高教育的质量和效率,并形成适应信息社会要求的新型教育模式"。在微观层面上,教育信息化主要强调将信息技术视为学校课程与教学改革的工具,并以此来提升学生的信息素养及各项能力发展,关注信息技术在课堂教学中的应用。总体来说,教育信息化正在信息技术的快速进步与学校教育改革的进行中而逐步深化,其内涵也在不断发生变化。

二、教育信息化的目标与内容

我国《教育信息化十年发展规划(2010—2020)》中明确指出了未来十年教育信息化发展的目标:基本建成人人可享有优质教育资源的信息化学习环境,基本形成学习型社会的信息化支撑服务体系,基本实现宽带网络的全面覆盖,教育管理信息化水平显著提高,信息技术与教育融合发展的水平显著提升。同时,该文件也针对这一目标的实现提出了八项要求:缩小基础教育数字鸿沟,促进优质教育资源共享;加快职业教育信息化建设,支持高素质技能型人才培养;推动信息技术与高等教育深度融合,创新人才培养模式;构建继续教育公共服务平台,完善终身教育体系;整合信息资源,提高教育管理现代化水平;建设信息化公共支撑环境,提升公共服务能力和水平;加强队伍建设,增强信息化应用与服务能力;创新体制机制,实现教育信息化可持续发展。教育信息化以运用现代信息技术为基础，以促进教育改革和发展为目的，同时肩负着信息化人才培养的重要使命，是实现国家信息化的关键，其最终目标是实现教育现代化和教育的跨越式发展，并培养现代社会需要的综合创新型人才。

教育信息化是一个动态发展的过程，其主要动力和直接目的是现代信息技术在教育中的广泛应用，即有效运用技术的网络化、数字化、智能化和多媒体化等特点实现教育资源的开放共享与学习者之间跨越时空限制的交流和协作。总体来看，教育信息化的内容主要包括以下几个方面：①教学环境的信息化，既包括课堂教学中的信息化设备，也包括实验室、图书馆等学习场所教学设施的信息化和网络化。②教学资源的信息化，即通过开放教育资源的建设丰富教育信息资源库，实现各地优质教育资源的免费共享与均等化。③教学思想与教学模式的信息化，即综合运用行为主义、认知主义、建构主义和人本主义等多种学习理论，创新适合信息化教育的教学模式，充分体现人本化、个性化的教学理念，更好地促进学生发展。④教学管理的信息化，即通过构建教师和学生信息管理的数据库，并利用现代信息技术进行学校的常规管理、人事管理、基础设施管理等来规范学校管理秩序。⑤教学评价的信息化，包括对教师和学生两方面评估的信息化，即充分利用信息技术进行评估数据的采集、传输、处理和分析等，提高评价的科学性与准确性。

第二节 教育信息化的发展

教育信息化作为国家信息化在学校教育中的体现，是随着信息技术的快速发展与广泛普及而提出的。1993年，美国政府正式提出建设国家信息基础设施（National Information Infrastructure，NII）计划，即"信息高速公路"计划。该计划明确指出了美国信息基础设施建设的总体目标，标志着美国国家信息基础设施计划正式启动，同时加强了信息技术在教育中的应用。从此，信息技术进入美国学校教育的步伐迅速加快。美国的这一举措也引起了世界各地的积极响应，各国政府纷纷开始制订推进本国教育信息化的计划。美国"信息高速公路"计划也因此成为教育信息化的开端。到目前为止，教育信息化经历了以下几个阶段。

一、教育信息化的起步阶段——注重基础设施建设

从20世纪90年代初开始一直到20世纪90年代末是教育信息化发展的起步阶段。这一阶段的主要特点是关注教育信息化所需的软件、硬件基础设施建设，包括多媒体教室、校园网、区域教育网及国家教育网等。1995年，英国政府提出"教育高速公路——前进之路"计划。该计划尝试将全国32000所中学、540所大学、4300座图书馆和360

家学术机构联网，并让每所中小学都拥有先进的计算机和教学软件。1996年，美国克林顿政府制订了第一个国家教育技术计划，指出将信息时代的威力带进美国的所有学校，要求到2000年使每间教室和图书馆都能够联通国际互联网，确保每个学生都能够用上现代多媒体计算机。我国国家教委也在1996年发布了《中小学计算机教育五年纲要（1996—2000）》，其中指出了到2000年我国中小学计算机教育发展的目标，并分别对城市和县镇各级学校的计算机配置比例做出了具体规划。总体来说，这一阶段的教育信息化主要强调基础设施的建设，而对其在课堂教学中的应用研究还相对较少。

二、教育信息化的初步发展阶段——关注信息技术在教育中的应用

从20世纪90年代后期开始，人们关注的焦点逐渐从软件、硬件基础设施的建设转向对信息技术支持教育教学的探索，包括学校教育、教学、行政管理等平台的建立及各类教育资源的开发。在这一阶段的初步发展之后，人们意识到要实现教育信息化的健康稳定快速发展，关键是要真正发挥其促进教学环境改进与提升教学质量的作用。因此，越来越多的人开始探索信息技术与课程整合的模式，以期为信息技术在教育中的应用提供理论支持。1995年美国圣地亚哥州立大学的伯尼·道格（Bernie Dodge）和汤姆·马奇（Tom March）首先创立了Web Quest课程。这一课程得到了大范围的推广。随后又有学者提出了实时教学（Just-in-Time Teaching，JiTT）模式，以发挥学习者的主体地位并提高他们的自主学习能力。然而，这两者都属于信息技术在课前或课后的应用，即属于课外教学模式，并没有对信息技术在课堂教学中的应用带来很大改观。可以说，这一阶段人们已经开始探索应用信息技术改善教学和学习效果的方法，但尚未实现其与课堂教学的有效整合。

三、教育信息化的快速推进阶段——信息技术与课程整合

进入21世纪以后，人们逐渐意识到，要深入推进教育信息化，充分发挥信息技术对教与学的促进作用，就应该将信息技术与教学的课外整合转变为课内整合，即实现信息技术与课堂教学和学科课程的有机整合。2003年秋，美国国家科学基金会启动了"运用信息技术加强理科学习"（Technology Enhanced Learning in Science，TELS）项目，目的是通过理科课程设计、教师培训、评估和信息技术支持等方面的努力来促进信息技术与理科教学的有机整合，以提高学生的理科学习成绩，最终达到利用信息技术促进理科教学的目的。以TELS项目为代表的信息技术与课程整合活动将Web Quest这种基于网络的探究性学习引入课堂教学，实现了学生学科基础知识学习与自主学习能力、创新能力、解决问题能力提升的有机结合，对提高课堂教学质量并促进学生全面发展具有重要意义。这一阶段将关注的焦点从信息技术与课外学习的整合转向信息技术与课堂教学

的整合，并实现了课外整合与课堂教学的有机结合，推动了教育信息化的快速发展。

四、教育信息化的未来发展趋势——深度有效融合与创新应用

目前，信息技术与课程的整合尚处于初级阶段，即信息技术在教育教学中属于一般的技术应用，并没有实现与教育教学的深度有效融合。然而，要彰显信息技术对学校教育的革命性影响，不应该仅仅将其局限于为教育教学提供新的技术支持和资源拓展，更要推动教育模式与教学方法的变革，为教育发展带来新的理念和动力。联合国教科文组织将教育信息化的过程分为起步、应用、融合和创新四个阶段。目前，我们已经实现了信息技术在课堂教学中的应用及其与学科课程的初步整合，未来应该更加关注信息技术与学科课程的深度有效融合与创新发展。也就是说，未来教育信息化的发展趋势为将信息技术深度有效融入教育教学的全过程，并利用现代信息技术创造新型学习环境、创新教学模式与方法，实现以知识传授为主的教学方式向以能力与素质培养为主的教学方式的转变。

第三节 教育信息化与教育改革

总体来看，我们可以将教育信息化视为教育现代化的一个重要组成部分，教育信息化关注的是信息社会这一大背景下学校教育的未来改革与发展趋势。教育信息化绝对不是简单地表现在技术层面上，它是一个包含诸多侧重与环节的系统工程。目前，计算机技术、数字通信技术和网络技术等已经得到了快速发展并实现了有效融合，使现代教育技术对学校教育的支持从单向的电化教学转向双向、多样的交互式计算机、多媒体与网络教学，为课堂教学提供了新的手段。

一、教育信息化对教育改革的促进作用

1. 教育信息化是国家信息化与教育现代化的必由之路

一方面，教育信息化是国家信息化的重要组成部分，同时也是实现国家信息化的重要途径，教育信息化肩负着信息化人才培养的重要使命，推动着信息基础设施的不断更新与发展。另一方面，教育信息化是教育现代化的重要内容，也是教育现代化的关键，没有教育信息化也就不可能实现教育现代化。在教育思想、教育内容、教育方法、教育技术手段和教育管理等各要素的现代化中，都离不开教育信息化的支持。

2. 教育信息化是建设学习型社会，构建终身教育体系的重要保障

到目前为止，由于各地经济条件、教育水平和教育规模等方面的差异而造成的区域

之间的教育差距仍然非常明显，教育信息化的深入推进能够有效促进各地教育资源和教育机会的均等化。同时，教育信息化发展为我们带来丰富的学习资源和多样化的网络学习平台，将时时学习、处处学习、人人学习变为可能。这样，学习者就可以在摆脱时空限制的情况下进行自主学习，进而满足他们的不同学习需求。因此，教育信息化能够在提供多样化学习资源和均等化学习机会的基础上，推动学习型社会建设，并有效推动终身教育体系的构建。

3. 教育信息化是素质教育实施和创新型人才培养的重要推动力量

具备广博的知识储备、富有创新精神和创造能力且能够独立思考并解决问题的创新型人才是当前教育改革对学校素质教育实施和人才培养提出的新要求，教育信息化则能够起到有效的推动作用。其主要表现为三个方面：①教育信息化可以通过多媒体、虚拟现实、超文本和远程信息传递等手段提供多样化的软件、硬件支持，为教师的课堂教学和学生的自主学习创造良好的环境。②多种学习平台的搭建和多样化学习资源的共建共享推动着多媒体教学和在线学习的不断发展，使学习者个性化发展的个别化学习和跨越时空限制的合作交流成为可能。③学习者可以在信息技术的支持下通过资源的获取、收集、处理和利用等实现问题的有效解决，促进自身知识面的拓宽及独立思考能力与创造性思维能力的发展。

实际上，教育信息化与教育改革之间的作用是相互的。一方面，教育信息化的深入推进不仅为学校教育注入了新的理念，也为教师教学形式的丰富和教学观念的更新创造了条件，为课程改革的进行提供了动力支持。另一方面，教育改革的逐步推进也在促进着教育信息化的不断深入，并促使其逐渐实现了从强调软件、硬件基础设施建设到关注信息技术在教学过程中充分应用的重要转变。同时，为实现教学方式与学习方式的革命性变革，教育改革在深入推进的过程中也为教育信息化提出了新的要求。

二、教育改革对教育信息化提出的新要求

1. 正确认识教育信息化的战略地位，并对其进行统筹安排与总体规划

教育改革是一个长期、系统的工程，它是分阶段稳步推进的，因此需要系统安排与总体规划。与此同时，为教育改革提供持续动力支持的教育信息化也需要稳步发展。目前，教育信息化的程度正在不断加快，但要保证它的长期稳定持续推进，就需要对其战略地位形成正确的认识，认清教育信息化在教育改革进程中发挥的作用并了解目前存在的问题，在此基础上对未来的教育信息化发展进行统筹安排与总体规划，为教师、学生和教育行政人员提供最佳的信息技术支持，奠定教育改革持续稳步推进的扎实基础。

2. 建成长效投入保障机制，完善协调与管理体制

充足的资金供给是庞大教育系统内部信息基础设施正常运行、及时维护、升级与更新的重要保障。但是，如果政府已经投入了大量资金却缺乏健全的投入保障机制，那么

就会降低资金分配和软件、硬件建设与维护的合理性，不仅影响教育信息化的进程，也会影响其对教育改革的促进作用。同时，各级各类教育行政部门、学校的信息化建设与管理部门的合理分工及统一管理也是保证教育信息化全面、协调、可持续发展的关键。因此，协调与管理体制的建成及完善成为教育改革对教育信息化新要求的重要方面。

3. 完善基础设施建设，加强人才队伍建设

目前，教育信息化基础设施建设仍然存在不均衡问题，尤其西部及农村地区的信息化基础设施还相对落后，这样不仅会加大数字鸿沟，进一步拉大不同地区、类型学校教育之间的差距，也会影响教育改革的顺利进行。因此，要进一步完善各地区学校的基础设施建设并提高其应用效率。同时，目前信息化人才队伍建设与教育信息化发展需求之间还存在一定的差距，要保证教育信息化对教育改革的推动力量，就需要加强专业化人才建设，以解决信息化人才队伍短缺的问题。尤其要完善教师队伍的知识结构并提高其信息素养，使他们适应信息技术迅速更新的要求，更好地应用信息技术开展课堂教学活动，以满足教育改革的新要求。

4. 实现与教学实践的深度有效融合，提高信息技术的应用水平

教育改革的最终目的就是通过解决当前教育中存在的问题来更好地促进学生发展，因此要充分考虑紧密联系学生发展的课堂教学实际。同样，要实现教育信息化对教育改革的促进作用，也应该从利用信息技术促进教师的教和学生的学入手。长期以来，人们都在关注信息技术在教学实践中的有效应用，但仍然局限于技术的应用层面，并没有实现其与课堂教学的深度有效融合，这样就不能很好地发挥信息技术对教与学的促进作用。总体来说，教育改革需要实现信息技术与课堂教学实践之间的深度有效融合，以促进教学模式的创新与学习方法的改变，从而更好地推动教育改革的进一步发展。

第四节　高等教育信息化的特征

祝智庭教授认为，对于教育信息化的特征，可以从技术层面和教育层面加以考察。从技术层面来看，教育信息化的基本特征是数字化、网络化、智能化和多媒体化等。从教育层面来看，教育信息化的基本特征主要是指开放性、共享性、交互性与协作性。高等教育信息化是一种行业信息化，但高等教育是一种特殊的行业，有其自身的特性，本书主要从四个方面来分析高等教育信息化的特征。

一、高等教育信息化强调教育与信息技术相结合，重视科学教育与人文教育的有机结合

现代化教育理论打破了"教育是非生产部门"的陈旧观念，从教育—专门劳动力的

投入—产出这一关系的角度，把教育纳入社会再生产体系之中。现代化的教育观认为，教育能生产出人的劳动力，教育是现代化大生产的重要组成部分，教育投资是生产性投资。因此现代化教育无论在数量及发展规模和速度上，还是在质量、培养规格、课程设置和教材内容上，都要和现代生产的要求相适应。信息技术是现代生产的推动力，人才是各国综合国力竞争的关键，信息化教育是培养信息技术人才的桥梁。现在，对教育进行投资必然包括信息技术的投入。信息技术是以计算机、多媒体和网络为代表的高科技产品，是对数字信息进行分析利用的手段。以发展的观点来看，教育应当是为经济和社会发展服务的，教育信息化是实现国家信息化的重要途径，是社会再生产体系新的组成部分，是现代化教育的突出特征。教育信息化应当是实现科学教育和人文教育的有机结合。华中师范大学傅德荣教授认为："教育信息化可以达到省力化、机器化的效果，但这不是教育信息化的目的。从古至今，人文教育始终是教育体系的重要组成部分，中国的教育具有人文关怀的传统特点。教育信息化应当实现科学与人文融通，在运用高科技教学手段传播知识的同时，体现人文精神，让没有生命的机器变成有生命的良师。"

二、高等教育信息化是一个全方位、开放的过程

耗散结构理论认为，只有开放系统才可能走向有序（进化），封闭系统只可能走向无序（退化）。一个社会系统只有与外界不断交换物质、能量、信息，才能得到进步与发展。信息时代的主要特征是数字化、网络化。教育是社会系统的子系统，在信息化和网络技术高速发展的推动下，教育系统完全突破了国家界限，实现了教育交流的无国界性，即教育资源全球化、网络化、多样化、开放化是教育信息化这一社会过程的特征。教育信息化的重要手段是网络技术的应用，网络是当今很开放的系统，具有公开性、快速性、广泛性等诸多特点。通过网络技术的运用，在国际层面上，教育信息化使教育资源得以在全球范围内共享，缩小了发达国家与发展中国家在教育手段上的差距，有利于发展中国家吸收借鉴先进的教育经验，掌握最新发展趋势；在国内层面上，教育信息化使教育对全社会开放，特别是对那些无法接受高等教育和专业技术教育的人来讲，实现了他们的梦想。此外，教育信息化还在一国领域内，实现了学校之间、专业之间的全方位交流，这其中，特别是高校之间的横向联系，对于促进高校教育事业的发展有重要的意义。

三、高等教育信息化突出终身教育、学习社会化

教育信息化是教育多样性改革的产物。教育多样性有两种含义：一是允许和包容各种形式的教育，包括学校教育、在职培训教育、社区教育等，对不同形式的教育同等对待；二是学习和教育在时间和空间上具有弹性，形成终身学习、终身教育网络。培养规格和学习内容随社会需求结构的变化而自行变化。网络的普及为终身教育的实现带来了契机，

学习者可以足不出户，不必按照传统的那种"日出而作，日落而息"的教育模式进行学习，而是可以通过网络课堂随时随地了解最新的学习信息，收集最新的学习资料。实际上，自 1970 年以后，迈向学习型社会就已经成为世界主导性的教育思潮，各国相继展开终身学习、终身教育与学习型社会理论的研究和实践探索。学习型社会是指人人都能终身学习的一种社会，是社会发展的一种目标、一种结果。终身学习、终身教育、社区教育都是学习型社会的基础，是迈向学习型社会的重要途径和手段。从效用上讲，终身教育对实现高等教育和全社会教育的信息化、现代化具有积极的推动作用，这是因为终身教育倡导学习的终身制，倡导学习者学习的自主化，教育信息化正是为这种模式服务的，二者相辅相成。

四、教育信息化表现在教学上具有创造性、灵活性和个性化特征

在教学指导思想上，教育信息化是把教学重点放在培养学生个性的全面发展上，重视教师和学生双方主动性的发挥，并以学生身心的发展为教学的根本目标，通过教学来促进学生的发展，同时依靠学生的智能提高和个性发展来推动教学；在教学内容上，教育信息化十分重视对课程和教材的改革，使课程设置和教材建设适应当代科技发展的新潮流，大胆汲取当今科技发展的新成果，特别是高等教育，其教材的更新周期日趋缩短，课程设置强调文理渗透，避免学科划分过细，要符合科研、教学、生产一体化和学科之间横向渗透与综合的大趋势，提高综合学科和边缘学科在课程设置内部结构中的比重，大力拓展受教育者的智力空间和思维深度；在教学方法上，在提倡对传统教法进行改革的同时，教育信息化更加强调对网络技术和多媒体技术的使用，并在各种教学活动中重视远程教育和课堂教育的优化组合，注重提倡自学、贯彻启发、重视反馈、讲求效率等；在教学组织上，灵活运用多种形式，改变单一的在校学习制，鼓励学习活动的社区化、家庭化、合作化等。

第五节　高等教育信息化的要素分析

作为一个行业的信息化，高等教育信息化同样包括信息网络、信息资源、信息技术应用、信息技术产业、信息化人才及信息化政策法规六个要素。这六个要素是一个有机整体，构成了高等教育信息化体系。在这个体系中，信息网络是基础，信息资源是核心，信息资源的利用与信息技术的应用是目的，信息化人才、信息技术产业、信息化政策法规是保障。

一、信息网络

信息网络是高等教育信息化建设的重要内容，也是实现高等教育信息化的物质基础和决定条件。目前，我国已经建成并启用的中国教育与科研网、高校"数字校园"建设工程及应用于学校教学的普通电教室、多媒体综合电教室、计算机室、计算机辅助教学（Computer–Assisted Instruction，CAI）教室、网络教室、语言实验室、电子阅览室等都是信息网络基础设施建设的重要内容。这些基础设施建设为我国的高等教育信息化奠定了基础。

二、信息资源

教育信息资源是用于教育和教学过程的各种信息资源。它的开发和利用是高等教育信息化的核心，也是关系高等教育信息化建设成败的关键。教育信息资源可分为以教育信息为核心的教育软件资源和以管理信息系统的基础数据为核心的教育管理信息资源两大类。其中教育软件资源主要包括以多媒体素材、各类 CAI 课件、网络课程等为主的多媒体教育信息资源，以教育信息资源的生成、分析、处理、传递和利用为主的各种工具资源及 Internet 资源等；教育管理信息资源主要是指为实施现代教育管理而建立的以教育者、教育内容、教育对象、教育资源及其支持服务体系为主要内容的各类数据库资源等。

三、信息技术应用

信息技术在高等教育的应用是高等教育信息化建设的根本出发点和直接目的。有了信息网络和信息资源这些基础条件之后，信息技术在高等教育的应用便成为高等教育信息化的主角。可以说，教育信息化建设的效益主要体现在应用这一环节。在信息技术应用方面主要应做好四件事：一是做好与思想理论、方法密切相关的潜在建设，它决定着信息技术教育应用的方向，直接影响到信息技术教育应用的质量和效果；二是建立与当地教育信息化建设环境、教育对象及教育内容相适应的信息化教育模式；三是必须提高人们应用信息技术的兴趣与基本技能；四是在不同层次上开展信息技术与课程整合的理论研究与实践，并将其作为学校信息技术教育应用的主要任务。

四、信息技术产业

信息技术是指对信息的采集、加工、存储、交流、应用的手段和方法的体系。它的内涵包括两个方面：手段和方法。手段即各种信息媒体，如印刷媒体、电子媒体、计算机网络等，是一种物化形态的技术。方法即运用信息媒体对各种信息进行采集、加工、存储、交流、应用的方法，是一种智能形态的技术。信息技术就是由信息媒体和信息媒体应用的方法两个要素所组成的。信息技术的核心是信息的数字化、信息传播的网络化。信息技术是高等教育信息化的技术支撑，是高等教育信息化的驱动力。在高等教育信息化过程中开展信息技术研究不仅可以丰富高等教育信息化的研究内容，更重要的是可以将新的更加有效的物态技术和智能形态的技术应用于信息化教育中，提高信息化教育的质量和效果。

信息技术产业主要指信息技术设备制造业和信息技术服务业。由于信息技术设备制造业的发展需要强大的技术和资金优势做后盾，因此，在我国的高等教育信息化过程中，信息技术产业的发展应由不同的社会部门分工协作来完成。其中教育信息技术产品的制造业应动员教育系统、科研院所和相关企业等互补性较强的部门共同参与，以便将教育系统从教育信息技术产品的开发中解脱出来，集中精力做好以教育信息资源的开发和利用为主的服务业。

五、信息化人才

高等教育信息化，人才要先行。为了实现高等教育信息化，需要培养大量掌握信息技术基础知识，具备信息技术应用能力的教育信息化人才。作为一个行业的信息化，高等教育信息化人才包含两个方面内容：一是通识型高等教育信息化人才，这是对教育领域从事教育、教学、管理及其他服务的各类人员而言的，是对该领域全体技术人员信息技术知识、能力和素质的基本要求；二是专业型高等教育信息化人才，主要是指专门从事教育信息物态化技术和智能形态技术的研究与开发、高等教育信息化建设、高等教育信息化应用和维护的专门人才。一般来说，对通识型高等教育信息化人才的要求是应具备基本的获取、分析和加工信息的能力，而对专业型高等教育信息人才的要求更高、分工更细，可以是高级软件人才、网络工程师等。

另外，作为信息化人才培养重要基地的高等学校，一方面要关注高等教育行业的信息化，为教育信息化培养通识型教育信息化人才和专业型教育信息化人才；另一方面还要肩负起为整个社会培养信息化人才的任务。

六、信息化政策法规

高等教育信息化是一项系统工程，为确保我国高等教育信息化工作的顺利进行，国家政府及相关部门必须对教育信息资源开发、教育信息网络建设、教育信息技术应用、教育信息技术和教育信息产业等各个方面制定一系列政策法规，以规范和协调各要素之间的关系，这既是高等教育信息化健康发展的基本条件和保障，也是开展高等教育信息化的依据和条件。只有这样，才能使高等教育信息化规范化、程序化，从而推动高等教育信息化健康顺利地向前发展。

第二章　高等教育信息化的实现方法

第一节　信息素质概述

21 世纪，我们迈入了飞速发展的信息时代，信息越来越广泛地渗透到社会生活的方方面面，人们更习惯用信息的眼光来观察问题、分析问题和解决问题等，信息在社会中的作用显得越来越重要。当今，信息、材料和能源成为人类生存和社会发展的三大基本资源。比尔·盖茨在美国第 88 届图书馆学年会上说："有效的信息是竞争取胜的关键因素。"我们每天都在自觉不自觉地接收、传递、存储和利用着各种信息，信息的检索与利用能力就显得尤为重要。

为了提高大学生的全面素质，以适应信息时代对人才的需求，许多国家将信息素养教育作为培养人才的重要内容。而信息检索课则是实施信息素质教育的必修课程，其目的是培养学生的信息意识、信息获取与利用能力，从而提高学生的自主学习能力和创新能力。

一、信息素质的定义

"信息素质"是从图书馆检索技能发展和演变而来的，最早是由美国信息产业协会主席保罗·泽考斯基于 1974 年提出的，当时定义为"利用大量的信息工具即原始信息源使问题得到解答的技术与技能"。随着计算机技术、网络技术和通信技术的快速发展，21 世纪进入了信息社会，数字成为信息的表现形式，网络成为信息的传播手段，知识的掌握源于信息的积累，缺乏信息的相关知识和利用信息的能力就相当于信息社会的"文盲"，就将被信息社会所淘汰。

信息素质就是人们获取、评价和使用知识信息资源的能力，是人们迈入信息时代，在生理素质、心理素质和社会文化素质等基本素质的基础上，发展并优化出来的一种新的品质，是信息时代对人类的一种更高要求，是现代人才在信息环境下获取、加工和利用知识信息的必需技能。

二、信息素质的构成

信息素质是信息社会人们必须具备的基本素质，其构成包括信息意识、信息能力和信息道德三个方面。

1. 信息意识

信息意识是指人们对信息的敏感程度，面对信息时自身的心理反应，包括对于信息科学正确的认识及对自身信息需求的理解。有无信息意识决定着人们认识信息、判断信息的自学程度。由于个人的信息意识不同，当面对同样的信息时，反应也就不尽相同。信息意识的强弱，对能否捕捉、挖掘有价值的信息和信息获取能力的提高有着重要作用。

2. 信息能力

信息能力是信息素质的核心内容，它包括信息检索与获取的能力，信息分析、鉴别与评价的能力，信息的利用与创新能力。人们只有在掌握了一定的信息检索技能的前提下，学会鉴别、评价、加工与利用信息等，才能有效地开展各种信息活动。

3. 信息道德

信息道德是指在信息的获取、传播与利用过程中所应遵循的道德意识、道德规范和道德行为的总和。主要包括：信息交流与传递目标的协调一致；承担相应的责任与义务；在信息活动中坚持公正、公平原则；尊重他人知识产权；不非法摄取他人的秘密，不制造和传播虚假信息；正确处理信息创造、信息传播与信息利用的关系；恰当使用与合法发展信息技术，遵守相关法律规定。

三、信息素质教育的意义

1. 时代发展的现实需要

在信息化社会，信息已成为这个社会赖以生存和发展的重要资源，成为促进社会、经济发展及技术革新的主要因素。信息的迅猛增长，使人们在生活、工作和开展科学研究时，都面临着信息选择的现实问题。人们通过各种渠道传递、利用、交流着信息，但这些信息都是未经筛选和处理的，这就给人们评价、理解和利用信息带来了困难。因此，准确、快速、经济地获取信息，并有效地分析、评价与利用信息的能力，就成了信息时代人们生存、立足、发展的必备技能。

2. 高等教育人才培养的需要

党的十八大和十八届三中全会关于全面深化教育领域综合改革，以及教育规划纲要关于优化高等教育结构，健全教育管理体制，开展高等教育结构调整，综合改革试点工作，其主要目标是培养经济社会发展需要的应用技术型高级专业人才。这将为地方性普通本科院校通过转型发展来提高综合办学能力和社会服务能力，在发展方向和发展方式等方面提出了新的目标和要求。

转型发展是社会对地方本科院校人才培养提出的新的客观要求。随着信息化和工业化的深度融合，新兴产业、新技术、新工艺的不断产生和发展，需要具有现代科学技术和专业技能的创新型、应用技术类人才为社会提供人才支撑和服务。而且社会经济的转型升级将直接影响着高等教育的改革发展和高校的人才培养类型。

高等学校服务社会和促进社会经济发展主要是通过人才培养来实现的。社会对人才的需求，解决了人才培养问题。"个性培养、创新教育"是教学改革的基本思路，培养学生的学习能力、创新思维、应用能力等综合能力，满足学生个性化发展，探索"差异化"的人才培养模式，是改革的重点内容。

信息检索教育完全符合高等学校教学改革的需要。信息检索能力的培养是提高学生的学习能力、创新思维及应用能力的必要条件。

3. 终身学习的需要

在信息时代，知识和信息的产出剧增，信息瞬间发生，但传递周期很短，在大学所学的基础知识很快就会过时。因此，大学生在校期间，除了巩固自己的课堂知识外，还应不断地去开阔视野，拓宽自己的知识面，吸收和挖掘大量的课外信息。灵活地掌握和运用现代化的知识信息，有较强的实践操作能力，才能在激烈的竞争中立于不败之地。正因如此，我国的高等教育将信息素质教育作为重要组成部分，要求变"授人以鱼"为"授人以渔"，使大学生在思想上变"学会知识"为"会学知识"，提高大学生的综合素质、信息分析和信息判断能力，使其不断接受的新理论伴随其终身，并助其走向成功。

4. 培养大学生创新能力的需要

要培养大学生的创新意识，必须将信息素质教育作为高等教育的重要组成部分，改变传统的教育模式，教会学生如何获取知识信息。在当今科学迅猛发展的信息社会，要有所发明和有所发现，除了必备的基本专业知识和技能，还必须具备较强的信息分析、加工、开发能力及接收相关学科的信息创新能力。必须了解当前的知识，才能在创新中有所鉴别、有所参与，少走弯路。拥有良好的信息素养才能成为具有创新能力的高素质人才。

第二节　信息素质的获取

信息素质教育的内容体系包括三个层面：①信息能力教育，包括信息理论、方法与技能教育等，核心是培养面对和迎接信息化社会挑战的能力；②信息意识教育，包括信息主体意识、信息传播意识、信息守法意识、信息更新意识等，核心是倡导与培养信息活动中信息行为的自主性、独立性及其行为准则和道德规范；③信息观念教育，核心是信息价值观教育，包括信息来源、对价值的认识、信息认识与信息态度等。

由于信息素质不是与生俱来的，是经过培训和教育获取的，所以信息素质教育是信息消费者获取信息素质的主要途径。国内目前关于信息素质的研究，也主要集中体现在信息素质教育上，如研究信息素质教学目标、教学内容、教学方式、教学方法、教学现状与对策等。

信息素质教育解决了信息消费者获取信息消费理论与方法的问题，但理论与方法最终要用到实践中，在实践中得到检验。只有理论，没有实践，所获取的理论知识经过一段时间后，也可能会被遗忘。经常性的实践，不但能巩固理论知识，还能不断丰富理论知识。如学习的网络检索知识，如果不上网实践，永远没有用；如果不经常上网检索，可能会忘记；如果经常上网检索，不但能检索到所需要的信息，而且能积累到快速、便捷检索的经验，提高检索效率。经验获得的方式就是建立在经常性的信息消费行为上。

一、学生信息素质的提升

信息素质既是一种能力素质，又是一种基础素质，信息素质作为一种高级技能，同批判性思维解决问题的能力一起构成了大学生进行知识创新和学会如何学习的基础。信息素质不仅仅是一定阶段的目标，更是每个社会成员的基本生存能力。

信息素质与整个社会的科学文化和哲学等范畴都有紧密的联系，而检索、评价和利用信息的能力则是信息素质的核心能力，表现为：能够有效地获取信息；熟练、批判性地评价信息；精确、创造性地使用信息。"信息素质"本身又是一个动态发展的概念，在不同的发展阶段有不同的内涵和外延。在高校，信息素质教学重在培养大学生对信息的自学能力和创造能力，信息是经济的命脉，人才是经济的支柱，在信息化社会里，高校任何专业的学生都应该把信息素质教育作为必修课。不掌握信息知识、不具备信息意识、不能使用信息系统来获取自己需要的信息，就不能算是一名合格的大学生。美国图书馆协会和教育传播与技术协会在其出版的《信息力量：创建学习的伙伴》一书中指出："具有信息素养的学生能够有效、高效地获取信息；具有信息素养的学生能够精确、创造性地使用信息；具有信息素养的学生能够熟练、批判地评价信息。"

信息素质是大学生应具备的基本素质，也是国际化人才必备的素质；是大学生科研素质的基石，也是大学生学习和择业的"导航员"。信息素质是终身教育的前提条件，无论在学校还是步入社会，有了信息素质，你就可成为学习的主体。作为21世纪的大学生，应努力提高自己的信息素养，这样才能适应经济全球化、社会信息化的需求。

怎样才能培养学生的信息素质呢？可以从一般教学过程、文献检索教学和实践中自学等多种途径培养学生的信息素质。

（一）一般教学过程信息素质培养

1. 重视信息意识和信息观念的培养

重视对学生信息意识和信息观念的培养是培养学生信息素质的关键。意识和观念的问题解决了，其他问题就会迎刃而解。我们在过去教学过程中，在对学生的素质结构的认识上，信息素质一直未能引起重视。这也许是我们目前开放教育试点中，学生自主学习能力不强、主动性不高的原因之一。由于学生的信息意识和信息观念不强，在如何了解信息、如何获取信息、如何利用信息来帮助自己自主学习方面缺乏必要的认识和手段。许多学生不会利用网上资源来指导和帮助自己学习，还是依赖教师面授辅导。要解决这一问题，应从两个方面着手：首先是要提高教师的信息意识和信息观念，并以此影响学生的学习，让学生摆脱对于教师面授辅导的依赖；其次是要提高学生的信息意识和信息观念。只有解决了学生的信息意识和信息观念问题，才能从根本上摆脱目前教学过程中学生对教师的依赖，转而依靠多种媒体教材、网上教学资源开展自主学习。这需要从学生入学之初就注重其信息意识和信息观念的培养。

2. 加强对学生信息技术的培养

随着信息技术的发展，世界上几乎所有的国家都开设了信息技术方面的课程。专门开设信息技术课程是培养学生信息素质的主要途径。当今世界信息教育日益强调提升学生的计算机应用能力，这是世界信息教育经验的总结。但目前使用的教材，其教学内容一是不适应信息技术发展的需要，二是不太符合世界信息教育强调培养学生应用能力的发展趋势，应用性不强的问题比较棘手。

结合学科教学来提高学生的信息素质，对于电大这样运用现代信息技术开展远程教育的学校而言，是最适合的途径。因为以计算机作为工具开展教学活动对学生信息素质的培养能起到很好的促进作用。目前最关键的问题是我们的教学资源建设尚不能满足教学的需要，只有把这个问题解决了，才能在教学过程中有效地提高学生的信息素质。

3. 创造良好的条件和环境

现代教育技术的应用必须有一定的技术装备基础，没有良好的环境条件难以提高学生的信息素质。因此，要着力创造条件以培养学生获取信息、利用信息、创新信息的能力。就目前而言，由于受到经济条件的限制，尽管电大都建成了一定规模的校园网，有了一定的技术设施基础，但普遍存在一个问题，那就是供给学生自由、单独使用的计算机等设施太少，校园网在很大程度上还只能为教师和教学管理人员服务。所以，要提高学生的信息素质，还须加大资金的投入，提供信息化教育所需的、起码的物质基础。

（二）文献检索教学

文献信息检索课程培养目标是大学生获取信息及信息技能的利用和不断学习的方法，课程内容注重信息技术的运用尤其利用计算机网络获取文献信息资源的途径和方法，课程的方向是网络教学。以素质教育为目标的文献信息检索课程将成为素质教育的重要手段。对入校新生要重点实施图书馆认识和利用的教育，使他们掌握基本的文献信息检索方法。对二、三年级的大学生应该开设文献信息检索课程，培养学生在专题调研方面的能力，对不同层次的文献信息具有一定的鉴别能力，使其掌握一定深度的文献资料，对自己所学专业的现状及其发展方向有较全面的了解，学会利用一次、二次、三次文献的方法，掌握一定的网络知识及信息检索的技巧、方法和网络信息检索策略的制定、网上信息查询工具和搜索引擎的应用等，提高利用计算机查阅电子文献和获取网上信息的技能。对于高年级及研究生阶段的学生，面临毕业论文的设计和走向社会后的实际工作，应强调其信息意识、信息道德和信息分析能力的综合培养。要注重利用图书馆的电子阅览室、多媒体阅览室、光盘检索系统和因特网等完成上机上网实习工作。此外，高校图书馆应面向毕业班的本科生、研究生开设高层次的专题讲座，向他们（包括教师）介绍最新的数据库及其使用方式，介绍网络环境下图书情报的新型服务方式，如网上信息服务、网络教育服务、多媒体资源服务、OCLC（联机计算机图书馆中心）的一体化服务等。

1. 单独作为一门课程

将信息素质教育有关内容以课程形式，由教师讲授并指导实践。教师应在教学活动中要求学生掌握相应的应用技术和技能，以便解决实际问题。

2. 在专业课中加入信息素质的内容

将学科内容与信息技术相结合，通过学习掌握本学科领域的信息源、信息评估标准等，社会学、行为科学和心理学等是培养学生信息意识的基础，教师还可以结合实际，以学科信息的获取、处理加工、交流传递和利用为出发点来提升学生的信息意识。此外，教师应通过信息化对待社会的负面影响，加强学生信息道德素质的培养。

3. 图书馆读者培训

作为图书馆读者培训的一部分，通过图书馆员讲座、培训，一对一辅导等形式开展，这种方法的优点是图书馆员有较强的主动性，可以按照自己的意愿设计程序，可以得到第一手学生信息能力的数据。

（三）实践中自学

除了可以从一般教学过程和文献检索教学中获取信息素质之外，还可以通过实践中自学的方式获取信息素质。因为在一般教学过程和文献检索教学中获取了一定信息素质之后，如果没有从事过信息检索的实践活动，那么获取的信息素质仅仅是理论上的知识，没有实践经验的积累，学生依然很难检索到实际需要的信息和知识。

二、教师信息素质的获取

进入 21 世纪，科学技术的进步使人们越来越深刻地意识到，一个国家、一个民族最强大的竞争力是人才的高素质，其中信息素质就是一种不容忽视的素质。所以，各国教育界都非常重视个人信息素质的培养。在我国，信息素质教育起步较晚，而且长期以来只对在校的高校学生开设文献课，直到教育信息化的实施，才在一些有条件的中小学开设信息教育普及课。对于在职的高校教师来说，信息素质教育没有得到应有的重视。许多资料表明，我国高校教师的信息素质还不能完全适应当今教育信息化对高等教育发展的需要。

笔者对我国一所高校教师信息素质进行调查，发现高校教师信息素质的不足主要表现是：

第一，信息占有力低。在高度信息化社会中，各种超文本的知识信息正通过各种媒体覆盖着社会的各种场所，而部分教师只知道在纸质文献中查找资料，对于电子文献、网络文献及数据库等缺乏了解。

第二，信息鉴别能力不足。一些教师面对网络上浩如烟海的信息，十分茫然。他们不是因为技术的原因，而是因为对知识的划分不甚了解，对检索方法知之甚少，再加上无法应对外语，所以无法正确鉴别哪类信息符合自己的需要。

第三，选择信息的能力不足。由于对文献分类检索完全陌生，部分教师难以理解《中国图书分类法》《杜威十进分类法》的特点和组织原则，更不知道上下左右概念之间的关系，不了解上位类、下位类，因此，对同类文献信息就缺乏选择余地，有的教师连自己写好的论文都不懂该怎样给出分类号。

第四，利用信息的技能薄弱。一方面，教师的信息意识不强，对知识信息的求知欲仅仅局限于自己的本专业，甚至是在原来的知识结构上吃"老本"。另一方面，一部分教师对于通过网络就可以与外界交流，坐在家里就能轻松求学这一历史性变化没有充分的思想准备和随机应变的措施，因而，无从把握网络环境下的信息资源，更无法适应网络信息检索工具的多样性和复杂性。

（一）教师应具备的信息素质

1. 有强烈的信息意识

在当今信息化、全球化时代，全球经济、政治、文化联系日益密切，从而引起人们时空观念的变化，因此，教师必须打破仅限于向现实具体事物索取信息的藩篱，学会充分有效地利用全球网络信息资源。所以，教师的信息素养首先要对信息、信息社会、教育信息化有基本正确的理解；关心教育信息化的进程，积极投入学校教育信息化的工作中。对于高校教师信息素质的培养，不仅仅在计算机技能和信息获取技能方面，更重要的是要在信息意识方面使其具有与社会信息化和教育信息化进程相适应的信息主体意识、信息传播意识、信息保密意识、信息守法意识、信息更新意识等，教师只有在信息活动中完全具备了信息行为的自主性、独立性及行为准则与道德标准，才可以更好地培养高校学生的信息素质，从而完成教育赋予教师的重任。

2. 对信息有较强的敏感度

认识到获取信息资源对教育工作的重要性，对学习和教育教学工作等问题的解决能确认自己的信息需求，灵活地通过各种渠道迅速地获取有效信息。

3. 能够有效地吸收、存储、快速提取和发送信息

信息知识能力培养，主要包括收集、整序、利用和评价信息等能力，对教师信息知

识能力的培养，目的是让教师掌握信息检索的专业知识与各学科的知识，让他们知道采用哪种有效的方法和途径可以获得本学科及相关学科的信息，从而具备信息理论知识素质和信息实践两方面的能力。

4. 能准确、高效地解读信息和批判性地评价信息，能将信息应用于批判性思考

5. 能对相关信息进行有效整合

创造性地使用信息解决问题，能用尽可能多的表达方式表达、呈现（和存储）自己生成的新信息。

6. 有较强的信息道德意识和信息安全意识

7. 外语知识

信息使地球变小，世界各国的人们从未像现在这样接近。这其中除了互联网给人们提供的交流平台外，另一个重要原因就是越来越多的人对外语的掌握，所以教师应加强外语学习，这样才能适应当代教育信息化的要求。

（二）教师信息素质获取的方法

教育信息化的关键是教师信息素质的提高，那么如何提高学校教师的信息素养呢？加强教师信息技术培训无疑是一条必由之路。以英国基础教育信息化为例，英国政府和教育界人士都认识到教师信息技术培训的重要性，认为仅有信息基础设施和信息资源，没有好的教师将信息技术有效地运用到教学中，也不能发挥信息技术的作用，所以英国把对教师进行信息技术培训作为整个教育信息化的核心内容。英国教师信息技术培训主要有两个途径：一是职前培训，二是在职培训。英国在新教师培训的国家课程中设置了信息技术课，并将其作为核心课程。同时，英国加大对在职教师进行信息技术培训。资料显示，2001年1月，有20万在职教师登记参加信息技术培训，其中7.4万人完成了培训。英国的教师信息技术培训主要有两个方面的内容：一是有效的教学和评价法，这部分要求所有培训者必须被教授和能够使用教学与评价的方法；二是关于信息技术的知识与理解和使用信息技术的能力。英国教师培训取得了显著成绩，资料显示：英国67.1%的小学教师和65.3%的中学教师都能够在课堂上自信地使用信息技术进行教学，有效地提高教学质量，达到预期的教学目标。英国政府不仅重视设备，更重视教育思想、教学方法和教学理念的更新。把教师信息技术的培训作为教育现代化的一个重点工作来抓，使广大教师能够真正在现代教育观念下使用现代教育手段和教育资源来进行教学，创新教学模式，从而成为教育改革的切入点。

（三）教师信息技术培训中存在的问题

目前，我国许多学校都组织教师进行信息技术培训，以提高整个学校的现代化水平，但是，在培训中都存在一些不尽如人意的地方。

1. 只注重技术层面上的培训

这种信息技术培训只停留在技术层面上，即只注重讲授操作技术，而没有关注如何

利用信息技术来开展学习和教学，更未能告诉教师如何在课堂上合理、自如地把教育基本理论、信息技术与其他课程融为一体。培训的方式采用灌输式而不是给教师提供参与的机会，培训的模式仍然是"培训师讲，受培训的教师听"，他们在培训中，只是单纯模仿，而没有自己的主动创造。这样即便是一些基本操作也只是教师一讲就懂，过后就忘。

2. 忽视教师已有的教育观念

一种有效地旨在促进人的观念转化的培训至少应具备以下条件。

（1）使学习者参与；

（2）对学习者原有的知识产生冲击；

（3）能引起理性的思考；

（4）使学习者感到新的思想有用。

由于现代教育技术是绝大多数教师喜欢的一门学科，现代教育技术被普遍认为是一门很有用的课程，而且现代教育技术被普遍认为是可以带来新思想和新观念的一门学科。所以从教师的心理预期来讲，信息技术培训应该是教师信息素养提高的突破口。

然而，并不是所有的信息技术培训都会有效地改变人的观念。与未成年学生相比，教师在思想和观念上更不容易转变，教师更注重"眼见为实"。因此，要用信息技术武装教师的头脑，从而转变教师观念，充分利用现代教育技术本身所具有的吸引力，使之成为激励教师学习的启动器；一定要充分运用现代教育技术的多媒体性、互交性、智能化、网络化和数字化等特性，创造良好的学习环境，让教师"亲身感受"现代教育思想理论的科学性、先进性、实用性和可行性等。

教师的教育行为主要受其教育思想、理念所支配，只有树立符合时代的教育教学理念，才能在教学实践中不断创新、进取，从而培养出时代需要的合格人才。随着信息时代的到来，教育信息化无时不在冲击着教师旧有的教育观念。面临这种冲击，教师必须更新观念，树立新兴教育理念，由封闭式单一化的教育转变成开放式多元化教育，由知识传播型教育转变成知识催生型教育，由终结教育转变为终身教育，由整齐划一性教育转变成个性化教育。具体到教学上为：教学手段由静态的物质载体向多功能的多媒体转变，教学组织形式由单一化向多样化转变，教学模式由课堂讲授式向协同式学习转变。因此，要避免完全抛弃原有教育观念的倾向，关键是要将信息观念与原有的教育观念相融合，转变成自己新兴的教育理念，但是在以往教师信息技术培训中，常常忽视教师已有的教育理念，认为只有将现代教育观念传授给他们，自然就能够被他们认同，并成为指导他们教育行为的准则。根据认知的内隐理论，真正指导个体的认识和行为的还是个体自己内在的认知结构。如果教师不能把现代教育观念内化到自己的认知结构中去，那么就很难在教学活动中运用它。所以在信息技术培训中，有必要帮助教师将现代教育观念内化为自己的教育观念。

3. 忽视教师教学系统设计意识的形成

在以往的教师信息技术培训中，还忽视了教育基本理论尤其现代教育技术与教学设计理论的培训，导致教师教学系统设计意识不强。这里所说的现代教育教学设计是以教学过程的设计和学习资源的利用为基础进行的，目的是将学习资源和教学过程综合起来进行设计。一个完整的信息化教育系统除了课件外，还需要一个强大的学习管理系统，并且需要利用多种信息工具和大量的信息资源作为教学的支撑。从目前国内的现代教育技术应用的实际情况来看，仍然存在许多片面性，有些教师一讲到现代教育技术应用就想到机器、做软件，其实各种教学软件只是信息化教育系统的一个构件，是学习资源的一部分。对于教师来说，更重要的是将各种教学资源放在特定的教学过程中，有针对性地提高现代教育技术教学设计能力。

4. 忽视信息筛选能力的培养

信息化社会中最重要的变化之一就是计算机及其网络在全世界的广泛运用，为学习提供了一个广阔的、日益增长的知识海洋。面对这个巨大的资源库，教师需要做的是设计和指导学生从中查找、处理资料，并将资料转化为有用的信息，最终从这些信息中创立新知识，因此选择资源的能力也是非常重要的。网络带来的最大变化就是信息的丰富性和易获取性。尽管数字化信息分布于世界的各个角落，但它们不论产生、存储何处，都可以被人们共享。对于任何一个人来说，要在网上浏览完一个研究领域内的全部信息是不可能的。花在阅读信息上的时间太多，就没有精力来处理、理解、运用这些信息，也无法把这些信息转化为知识。过去，由于受各方面条件的限制，信息的获取是有限的，而现在教师要根据教学需要，通过建立自己的标准和条件来提取出有用的信息，只有这样才能完成那些急需解决的任务。所以，对信息的选择肯定是教师需要学习和具有的能力之一。

5. 忽视了教学及其资源的评价能力的培养

如果培养选择能力是为了有效地选择控制信息的数量，那么信息的质量同样也要被控制。信息以相同的数字化形式放在全球性网络的成千上万个节点中，所有的信息都是统一的、平等的，无法一眼从表面上看出它们的可靠性、关联性、质量、可接受程度等，这就需要教师掌握对数字化信息的评价能力。

教育信息化的深入发展，教师信息素养、教育信息能力的不断提高，必将促使教师教学行为产生重大的变化。这种行为的变化是教育信息化的结果，也是教师教育信息能力提高的结果，教师教学行为的变化主要表现在决定教师教学行为的教学策略（含教师的教材观、学生观、教学观）的变化、教学决策方式的变化及对教师和教师工作的重新认识等方面。

教师的教材观直接影响教师对教材的认识与解释，影响教师对教材的结构化方法和教材的开发方法。随着信息技术的广泛应用，教材不再只限于文字形式，教材应包括由多种媒体、资源所构成的立体化的形式，教材也不只是知识内容的整合，作为一种教材，更应包括基于学生对知识的认知过程，基于对知识发现过程、逻辑分析的教学过程及学习过程的设计。

教师的学生观影响教师对学生特征的认识，对学生在教学中位置的认识和对教材的处理、信息技术的广泛应用，学生的学习不再局限于教师讲授式的学习方式，而是可以通过自主式的发现学习、问题解决学习和体验学习等多种方式进行学习。在教材的开发和处理上，应更多地注重学生学习特征的分析，将强调学生对教材的理解转变为教材适用学生的学习特征。

传统的教学观认为教师是知识的源泉，教学是教师对学生的注入。随着信息技术的广泛应用，教学不再只强调教师对学生的注入，而是要求学生的主动获取；教师不再是学生学习知识的唯一源泉，学生可以通过多种途径进行学习、获取知识；教师的作用不只是传递知识，而重在帮助学生主动去建构知识；教学设计的重点不应只重视教学目标，而应从注重教学目标向注重学习过程变化。教学设计的重点是教学过程的设计。教育的理想方式是教师尽量少讲，学生尽量多学。学习应是学生自主地自我学习。以教师活动为主体的教学观向着以学习活动为主体的学习观转变是教学观的一种根本转变。

教学系统是一种定性系统。正是教学系统的这种特性，在诸如学生学习特征的分析、教材的处理、学习过程的控制等教师的教学决策上，教师的个人意志决定占有重要的位置。随着信息技术在教育中的广泛应用，人们基于信息技术的理论、方法，开发出了许多教育信息处理的方法，利用这些方法，通过收集信息、分析信息、处理信息等，可以帮助我们对教育中诸如学生学习特征分析、教材的分析处理、学习过程的分析处理等问题进行科学的决策。信息技术的广泛应用，可帮助我们在教学决策中，从个人的意志决定转变为科学的决策。

第三节　构建智慧校园网是实现教育信息化的有效方法

一、智慧校园概述

"智慧校园"作为一个崭新的理念，目前还没有定论。但是国内外学者从多个角度不断进行理论研究，并且结合实践探索，提出了一系列的概念和建设思路。例如，浙江大学信息化"十二五"规划，提出建设一个"令人激动"的智慧校园，这种智慧校园支持无处不在的网络学习，结合创新的网络科研、透明高效的校务治理、丰富多彩的校园文化、方便周到的校园生活。南京邮电大学完成了一个相对完整的智慧校园规划，且认为智慧校园的核心特征主要反映在三个层面：一是为广大师生提供一个全面的智能感知环境和综合信息服务平台，提供基于角色的个性化定制服务；二是将基于计算机网络的信息服务融入学校的各个应用与服务领域，实现互联和协作；三是通过智能感知环境和综合信息服务平台，为学校与外部世界提供一个交流和相互感知的接口。

在理论研究上，黄荣怀从数字校园的建设进程角度提出数字校园的"四代"建设观。他认为第四代数字校园（智慧校园）能够有效支持教与学，丰富校园文化，真正拓展学校的空间维度，以面向服务为基本理念，基于新型通信网络技术构建业务流程、资源共享、智能灵活的教育教学环境。有研究者强调物联网技术在智慧校园建设中的作用，如：沈洁等认为，智慧校园是一种将人、设备、环境、资源及社会因素，在信息化背景下有机整合的一种独立的校园系统，它以物联网技术为基础，以信息的相关性为核心，通过多平台的信息传递手段提供及时的双向交流平台。简单地说，就是更智能的学校。周彤等认为，智慧校园是以物联网为基础的智慧化的校园工作、学习和生活一体化环境，这个一体化环境以各种应用服务系统为载体，将教学、科研、管理和校园生活进行充分融合。有研究者认为，智慧校园是各种技术的综合应用；也有研究者认为，智慧校园的建设不仅仅是物联网技术的应用，那只是感知部分，应更多考虑技术的特点，突出应用和服务。

综上所述，"智慧校园"系统兼有技术、教育和文化等多重属性，具有以下几点特征。

1. 环境全面感知

智慧校园中的全面感知包括两个方面：一是传感器可以随时随地感知、捕捉和传递有关人、设备、资源的信息；二是对学习者个体特征（学习偏好、认知特征、注意状态、学习风格等）和学习情境（学习时间、学习空间、学习伙伴、学习活动等）的感知、捕获和传递等。

2. 网络无缝互通

基于网络和通信技术，特别是移动互联网技术，智慧校园支持所有软件系统和硬件设备的连接。信息感知后可迅速、及时地传递，这是所有用户按照全新的方式协作学习、协同工作的基础。

3. 海量数据支撑

依据数据挖掘和建模技术，智慧校园可以在"海量"校园数据的基础上构建模型，建立预测方法，对新到的信息进行趋势分析、展望和预测；同时智慧校园可综合各方面的数据、信息、规则等内容，通过智能推理，快速反应、主动应对，更多地体现智能、聪慧的特点。

4. 开放学习环境

教育的核心理念是创新能力的培养，校园面临要从"封闭"走向"开放"的诉求。智慧校园支持拓展资源环境，让学生冲破教科书的限制；支持拓展时间环境，让学习从课上拓展到课下；支持拓展空间环境，让有效学习在真实情境和虚拟情境中都能得以发生。

5. 师生个性服务

智慧校园环境及其功能均以个性服务为理念，各种关键技术的应用均以有效解决师生在校园生活、学习、工作中的诸多实际需求为目的，并成为现实中不可或缺的组成部分。

6. 充分共享、灵活配置的教育云平台

智慧校园中所有数据的收集、存储、处理、服务必须是以教育云平台为基础，实现智慧校园中大数据的云计算处理，从而实现数据的快速处理和资源共享。建有教育云服务平台，能实现教育资源的按需分配和技术服务的充分共享。具有统一的教育资源建设标准和存储规范，不仅能实现教育资源的高效检索和智能汇集，还能提供海量的优质教育资源，并与教学系统无缝对接，满足教学需求。

7.蕴含教育智慧的学习社区

具有家校互通的沟通平台和学习社区，教师、学生、家长能够及时互动，分享教育经验与智慧。能整合各种社会力量，共同促进学生快速健康成长。

因此，智慧校园是指一种以面向师生个性化服务为理念，以教育云平台为基础，蕴含教育智慧的学习社区，能全面感知物理环境，识别学习者个体特征和学习情境，提供无缝互通的网络通信，有效支持教学过程分析、评价和智能决策的开放教育教学环境和便利舒适的生活环境。

二、智慧校园的系统功能

智慧校园系统基于教育云平台构建，包括智慧校园管理系统、智能教学系统、移动学习系统、数字化实验系统、教育资源平台、智慧校园文化系统、家校通系统和数字图书馆系统等。

1.教育云平台

教育云平台是智慧校园的底层支撑，采用先进的虚拟化技术，利用硬件服务，构建校区全新的、动态扩展的、分布式存储教育数据中心。

2.教育资源平台

教育资源平台是七个子系统的接入口。通过整合各类学校的教学资源，建立了涵盖各学科的素材库、课件库、教案库、电子教材库、试题库、名师讲堂库、同步视频课堂库等优质的教学资源，实现了跨校共享。

3.智能管理系统

智能管理系统以先进的物联网技术为基础，实现了校园进出人员身份管理、考勤管理、学校资产监控与数据泄漏管理、办公管理、教学活动管理、教学设备管理、教务管理和安全管理智能化等。

4.智能教学系统

智能教学系统依托教学资源平台，为教师编写教案、制作课件、批改作业和辅导答疑提供智能化服务。该系统包括智能备课系统、互动课堂系统、辅导答疑系统、电子作业系统和综合评价系统五部分。

5.移动学习系统

移动学习系统主要以电子书包、手机等移动学习平台为载体，基于统一的教育资源平台支持，实现任何时间、任何地点的个性化学习。该系统主要包括电子教材阅读、课堂笔记、课件下载和信息订阅、教学视频点播、作业下载和提交、辅导答疑、考勤信息和成绩查询、学习工具等。

6. 数字化实验系统

数字化实验系统主要由传感器、数据采集器、计算机、实验教学平台和多媒体互动投影系统组成。该系统实现了从实验数据采集、传输、处理和生成输出全过程数字化，为学校师生创设了开放、协作的科学探究实验环境。该系统还具有实验教学管理、实验设备管理、实验室开放管理和实验成绩管理功能，并与智慧校园其他子系统无缝对接。

7. 家校通系统

家校通系统实现了家校沟通无障碍。教师和家长之间，可以直接使用家校通系统互动交流。譬如，学校向家长报告学生在校情况、发布通知、布置作业等，家长查询学校的规章制度、课程安排，或与教师一起交流教育心得等，十分便捷。

8. 智慧校园文化系统

智慧校园文化系统由校园多媒体信息发布系统、虚拟校园交互式演示系统和智慧学习社区三部分组成。校园多媒体信息发布系统以数字化方式展示学校形象与文化特色。虚拟校园交互式演示系统通过虚拟现实技术还原再现校园的地形地貌、建筑物、绿化、运动设施及场地等，并可以在校园主页以各种方式进行预览，展示学校形象。智慧学习社区整合了博客、微信等多种功能，为学生、教师和家长提供了一个便捷交流互动的平台，包括智慧讲坛、创意乐园、智慧活动、名师支招、智慧之星等，为广大教师交流教学经验、分享教学智慧，为学生分享学习心得、开展科技创新活动提供了有效支持。

9. 数字图书馆系统

数字图书馆系统是为了适应图书馆未来的发展要求，满足示范学校对馆藏资源充分共享、高效管理等方面的实际需求构建的。本系统包含了目前图书馆管理业务的每个环节，具备系统图书采访、图书编目、图书流通、期刊管理、公共查询、系统管理等功能，并与本校 e 卡通系统无缝对接，实现成员馆馆藏资源的互借、互还和互通。

三、智慧教育与智慧教室

（一）智慧教育

近年来，随着物联网、云计算、大数据、泛在网络等新一代信息技术在教育领域的应用推广，智慧教育被赋予新的内涵和特征，教育技术领域研究者纷纷从信息化视角对智慧教育概念进行了阐述。祝智庭教授在《智慧教育：教育信息化的新境界》文章中分析了信息时代智慧教育的基本内涵：通过构建智慧学习环境，运用智慧教学法，促进学习者进行智慧学习，从而提升成才期望，即培养具有高智慧和创造力的人才，利用适当的技术智慧地参与各种实践活动并不断地创造价值，实现对学习环境、生活环境和工作环境灵巧机敏的适应、塑造和选择。尹恩德从教育信息化带动教育现代化发展的角度出发，界定了智慧教育的概念：智慧教育是指运用以物联网、云计算为代表的一批新兴的信息技术，统筹规划、协调发展教育系统各项信息化工作，转变教育观念、内容与方法。以应用为核心，强化服务职能，构建网络化、数字化、个性化、智能化、国际化的现代教育体系。金江军认为，智慧教育是教育信息化发展的高级阶段，是教育行业的智能化，与传统教育信息化相比，智慧教育表现出集成化、自由化和体验化三大特征。

（二）智慧教室

1. 智慧教室的概念与特征

智慧教室是为教学活动提供智慧教育应用服务的教室空间及其软硬件装备的总和。智慧教室是在物联网、云计算、大数据等新兴信息技术的推动下，教室信息化建设的最新形态。立足教学活动需求，提供智慧化的应用服务是智慧教室的核心使命，达成最优化的教学效果是智慧教室的终极目标。运用智慧技术，提供智慧化服务和功能，对智慧教室实现智慧管理，满足教学活动的高交互特性是智慧教室区别于以往多媒体教室和网络化教室的主要特征。

下面我们将从人性化、混合性、开放性、智能性、生态性、交互性六个方面详细阐述智慧教室的特征。

（1）智慧教室的人性化。智慧教室的使用主体是教与学活动的人，所以智慧教室的设计应更多地体现对于教室使用者即教学者与学习者的关注。在相应技术支持下，在技术设计与应用上更多地体现以人为本的精神，如在教室设计方面应体现绿色环保和无障碍设计。无障碍设计也是智慧教室人性化特性表现，通过标准化的设计，智能无障碍的课堂可以满足一些特殊人群学习者的需求。智慧教室的人性化还应体现在智慧教室能充分打破教学技术对教师的束缚，使教师更多地关注教学过程本身。

（2）智慧教室的混合性。智慧教室的混合性主要体现在多种教与学活动的混合、正式学习与非正式学习的混合、虚拟课堂与真实课堂的混合上。智慧教室可以实现多种教与学活动的混合。

（3）智慧教室的开放性。智慧教室的开放性主要体现在课堂教学组织形式的开放及教学资源的开放上。

（4）智慧教室的智能性。智慧教室应是一个智能化的教室。智能性主要表现在智慧教室实际上是一个嵌入了计算、信息设备和多模态的传感装置的智能学习空间，教室各组成要素都具有自然便捷的交互接口，以支持教与学主体便捷地获得智慧教室中计算机系统的服务。

（5）智慧教室的生态性。教育生态学是研究教育与其周围生态环境之间相互作用的规律和机制的科学。基于教育生态学的视角，智慧教室应是一种平等、和谐、开放的生态系统。课堂教学生态包括两大基本构成要素，即生命体——课堂教学生态主体和生命成长赖以发生的环境——课堂教学生态环境。课堂生态主体包括教师和学生。在课堂生命体和其生长环境所构成的生态关系中，作为主体的可以是个体，也可以是群体。多个教师个体可以组成教师种群，多个学生个体也可以组成学生种群，教师种群和学生种群可以共同组成师生群落，不同的师生群落（包括虚拟的和现实的）也可共同构成课堂生态主体。根据这些因子的不同性质可将其划分为物理生态因子、生命生态因子和人为生态因子等类别。它们所构成的物理生态环境、生命生态环境和人为生态环境共同组成课堂教学活动赖以存在的课堂，以及教学生态环境。而课堂生态环境与课堂生态主体之间、课堂生态主体内部各部分之间，以及教师个体、教师种群、学生个体、学生种群、师生群落的相互影响和相互作用，则实现着彼此间的有机联系和物质循环、能量流动与信息流通，并共同构成课堂教学生态。

（6）智慧教室的交互性。互动是课堂教学的重要组成部分，也是有效课堂教学的体现形式之一。智慧教室的交互性不仅仅体现在智慧教室中的教与学的过程，更多地体现为一种互动过程，这种互动包括教学者与学习者之间的互动，学习者与学习者之间的互动，教学者、学习者与教学资源、学习资源之间的互动，课堂教学主体与课堂设备之间的人机互动，现实课堂与虚拟课堂中的人、资源与设备的互动等。

2. 智慧教室的系统功能

智慧教室的功能要充分体现智慧教室的特性，智慧教室的系统功能主要由内容呈现系统、学习资源系统、实时记录系统、在线测试和评价系统和网络感知系统组成。这五个系统共用教室内的信息资源和各种软硬件资源，在发挥各自作用的同时，相互联动与协调。

（1）内容呈现系统。内容呈现系统是智慧教室的重要部分，也是开展课堂教学的基础。设计良好的内容呈现系统可以提高教学内容的传递效果。内容呈现系统包括交互演示子系统、虚拟现实子系统，通常由黑板、交互式电子白板（双板）、移动终端、电子书包、虚拟设备等组成，其基本功能如下。

①呈现教师的演示文稿、教学软件、操作过程等。

②呈现学生移动终端或者电子书包上的内容、作品及操作过程等。

③呈现教师与学习资源互动内容。

④呈现教师与学生互动内容。

⑤呈现学生与学习资源互动内容。

⑥实现虚拟教学环境，模拟出现实物理环境不容易实现的虚拟教学环境。

（2）学习资源系统。学习资源系统包括学习资源存储、分发系统和教学过程录播系统。学习资源存储、分发系统将开发的资源放置在云端，师生可在上课过程中实时同步课程资源，并保存教学过程中的生成性资源。此外，对于课堂教学过程，学习资源系统可实时录制并存储到云端。学习资源系统通常由电子书包、课堂教学资源、学习过程记录、云服务平台等构成，可实现以下功能：上传教师利用的教学资源、同步学生终端内的学习资源、录制师生上课过程、存储教学过程等。

（3）实时记录系统。实时记录系统主要是在现在学校流行的录播系统上增加记录学生学习轨迹与教师教学轨迹的功能。教师对教学视频进行分析、反思教学过程、撰写反思日志，为教师教学决策和学生自主学习提供参考和有效数据支持。

（4）在线测试和评价系统。在线测试和评价系统主要包括教师可以利用即时反馈系统在教学的过程中随机出题进行意见征集和应答反馈，以收集学生对某一具体内容和问题的观点或掌握情况，反馈结果可以及时呈现，便于教师及时调整自己的教学内容或过程。

另外，在课程教学之初和课程学习结束之时，可以利用在线测试系统，对学生的预习情况和本堂课程的学习情况进行测试，测试结果通过学习支持系统的后台运算，可以及时查看测试分析结果。

（5）网络感知系统。在物理环境中，智慧教室给教室主体提供了高交互的教与学设备，能够有效支持教室主体对于学习资源的获取、处理和呈现。智能环境控制则给教室主体提供了良好的外在环境，从光、温、声、背景音乐、空气质量等方面根据课堂的实时状态进行调节。创意空间布局则主要考虑给学习者提供更为人性化的桌椅设施，以及根据教与学活动的需要能够方便实施桌椅的组合，形成学习小组，以利于小组学习活动的开展。

第四节 翻转课堂、慕课和云平台等教学方式是实现教育信息化的关键

如果说小班研讨式教学还仅仅是高等教育发展进入大众化和普及化阶段后，由精英人才培养的高等教育战略目标所引发的教学模式改革，它只是在教学实施过程中更加高效地利用了互联网，为学生参与研讨提供了更多的信息和资料收集平台，从而培养和提高了学生的研究性学习能力；那么，翻转课堂、慕课和云平台就可以说是由互联网技术直接催生的一次高等教育的大变革，它们影响的不仅仅是高等教育的教学模式，甚至包括高等教育的各个参与主体的思维和行为方式。换言之，在翻转课堂、慕课和云平台的教学实施过程中，教师与学生的思维和行为方式完全有别于传统的课堂教学，它们对提高学生的研究性学习能力及相应的创新思维有着不可忽视的重要作用。

一、翻转课堂式教学

翻转课堂，又称"反转课堂、颠倒课堂"，从教学组织角度来看，就是教师利用现代互联网技术制作教学微视频将知识片段化，学生在课前观看微视频中教师对分层知识点的讲解，在课中通过师生之间和同学之间的互动来完成作业以将知识吸收消化，

在课后学生可利用微视频进行复习巩固的教学状态。翻转课堂的最早实践者是美国人萨尔曼·可汗（Salman Khan），他于 2006 年开始将自己制作的教学视频逐段发布在 YouTube 网站上，并很快引起了关注。受其启发，科罗拉多州林地公园高中的两位教师乔纳森·伯尔曼（Johnson Bergmann）和亚伦·萨姆斯（Aaron Sams）进行了翻转传统课堂教学尝试。从 2007 年春开始，他们把结合实时讲解和 PPT 演示的视频上传到网络，让学生在家中或课外观看视频，在课堂上与教师进行面对面的讨论和作业辅导。2011 年，萨尔曼·可汗及其所创立的可汗学院（Khan Academy）对翻转课堂教学理念的传播和教学模式的推广起了里程碑式的推动作用，使得翻转课堂在全美风行一时。在过去两年间，《华尔街日报》《经济学人》《纽约时报》《华盛顿邮报》等主流媒体都对翻转课堂给予高度的关注并积极地报道，加拿大的《环球邮报》将之评为 2011 年影响课堂教学的重大技术变革。中国学者周平（2015）对比总结出了"传统课堂"与"翻转课堂"的主要区别（如表 2-1 所示）。

表 2-1　传统课堂与翻转课堂的主要区别

教学环节	教学要素	传统课堂	翻转课堂
课前预习	目的	初步了解教师所布置的教学内容	学生掌握学习内容中的基本知识，基本完成学习要求，教师通过配套在线测试掌握学生学习情况，以便调整课堂上的各种教学活动，更有针对性地实时教学
	方式	自己阅读教材	观看微视频、阅读教材及其他资料
	指导	无	教师通过网络上的各种视频或聊天软件提供在线指导
	反馈	无	教师通过在线测试及时了解学生学习的结果
课中学习	目的	帮助学生理解所教内容	解决学生课前学习所产生的问题，引导学生更深刻地理解、总结和拓展所学内容，达到知识内化的目的
	内容	所布置的内容	解决学生预习后所出现的问题，对所学内容的深层理解和拓展
	方式	讲授为主	教师答疑和讲授、学生之间的各种写作形式并用
课后作业	目的	巩固理解	引导学生对所学内容进行反思和拓展，进一步内化所学内容
	方式	学生独立完成	学生独立完成或者协作完成
	指导	无	教师通过网络上的各种视频或聊天软件提供在线指导
	反馈	无	教师通过在线测试及时了解学生学习的结果
网络教学 / 学习平台		无须平台	需要网络教学 / 学习平台，用于发布学习资源、教学视频、在线测试以及了解学生的反馈、即时统计测试结果等

接下来，我们将结合翻转课堂在国外的兴起与在国内的发展来探讨一下它给高等教育改革带来的机遇和挑战，以及一些值得反思的相关问题。

1. 翻转课堂在国外的兴起及其在国内的发展

早期关于"翻转式教学"的实践和研究主要是在美国高校进行，其特点在于侧重师生互动。例如20世纪90年代，哈佛大学的物理教授埃里克·马祖尔（Eric Mazur）就对"翻转学习"开展了研究工作，将翻转学习与他创立的"同伴教学法"进行了整合：学生在课前看视频、阅读文章或运用自己原有的知识来思考问题，然后回顾所学知识，提出问题；教师在课前针对学生提出的问题进行教学设计和开发课堂学习材料；在课堂上引发学生讨论，共同解决难题。美国富兰克林学院的罗伯特·塔尔伯特（Robert Talbert）教授针对传统教学把知识的消化吸收环节放在课后进行，不利于学生遇到难题时为其提供及时的指导的问题，主张采用翻转式教学，把知识传授环节放到课前进行，而把知识吸收环节放在课内进行。这种翻转式教学取得了良好的教学效果。K-12学校的翻转课堂起源于美国的"林地公园"高中，两名化学教师在2007年首先实践了翻转课堂。为了帮助更多的教师理解和接受翻转课堂的理念和方法，林地公园高中在2012年1月30日举办了第一个翻转课堂开放日（Open House），向参观者呈现翻转课堂的运作情况和学生的学习状态。

可汗学院的"翻转课堂"被认为正式带来了"未来教育"的曙光，每段课程影片长度约10分钟，从最基础的内容开始，以由易到难的进阶方式互相连接，教学用的是-S0电子黑板系统，其网站开发了一种练习系统，记录了学习者对每一个问题的完整练习记录，教学者参考该记录，可以很容易得知学习者哪些观念不懂。翻转课堂带来了良好的教学效果，2012年6月美国教育咨询公司针对已经采用翻转课堂的453位教师进行的问卷调查报告显示，67%的受访教师表示学生在标准化考试中的成绩得到了提高，80%的受访教师认为学生的学习态度得到了改善。克林顿戴尔（Clintondale）高中在2010年对140名学生进行翻转课堂教学改革试验，经过一个学期的学习，学生的学业成绩得到了大幅提高，各课程的不及格率（原先一直在50%以上）分别降低为：英语语言艺术33%、数学31%、科学22%、社会研究19%；两年后，校长格雷格·格林在全校范围内推广了翻转教学模式。可汗学院的事业得到了越来越多的社会认可，其规模也越来越大。视频教程的领域也在不断扩大，内容非常广泛，截至2014年12月，其视频教程点击数已超过3亿次。

2013年2月26日我国主流教育媒体《中国教育报》以一篇题为《一个人的网络教学震动了世界》的文章，全面评价了美国可汗学院的视频教学。文中没有使用"翻转"而采用"颠倒"一词，认为"颠倒的课堂"使教育者赋予学生更多的自由，把知识传授的过程放在教室外，让大家选择最适合自己的方式接受新知识，而把知识内化的过程放在教室内，以便学生之间、学生和教师之间有更多的沟通和交流。文章认为，可汗这种求真务实的价值取向，让我们看到了未来教育的方向和希望。但"翻转课堂"作为一种基于互联网信息技术的新型教学模式，早在数年前就已受到我国教育界的热切关注，并进行了较深入、系统的探索与实践。据初步统计，从 2010 年开始，我国的研究者在中国学术期刊发表的与"翻转课堂"相关的文章已有近千篇，进行试点探索的高等院校有 30 余所。事实上，我国的教育专家和教育工作者在推介和实践"翻转课堂"的同时，结合多年提升素质教育的经验教训，发现翻转课堂实现了四个翻转，从而产生了良好的教学效果。

第一，翻转课堂实现了师生角色的"翻转"。传统课堂以教师讲授为主，忽略了学生之间的差异，忽视了学生的个性需求；学生课堂活动整体或部分缺失，在一定程度上阻碍了学生质疑、批判、探究和创造能力的发展。而翻转课堂让学生自己掌控自己的学习，学生在课前观看微视频时，能够根据自己的需要来安排和控制学习的进度，可以随时停下来进行思考，甚至可以通过各种聊天软件在线询问教师或与同学讨论，他们在课中通过小组讨论、协作互助等活动完成知识的建构。学生学习上的自我管理意识大大加强，真正变成了学习的主体。

第二，翻转课堂实现了学习过程的"翻转"。在传统学习过程中，"知识传递"通过课堂上教师的讲解来完成；"吸收内化"在课后由学生自己来完成。但是，由于课后缺少教师的支持和同学的帮助，在进行知识的"吸收内化"时，学生常常感到挫败乃至丧失学习动力和兴趣。在翻转课堂模式下，这个学习过程被"翻转"了。利用新理念、新模式、新技术，翻转课堂使学生的整个学习过程都能得到关注，一改传统教学模式只管"齐步走"的弊端，实现了学生的个性化学习和教师的个性化指导。"知识传递"是学生在课前进行的，教师不仅提供了短小简短的微视频，还可以提供在线辅导；"吸收内化"是在课堂上通过师生之间、同学之间的互动来完成的：师生之间的互动主要通过学生提问、教师辅导的形式来完成，同学之间的互动主要以小组讨论的形式来实现。这两种互动都比传统方式更有利于促进学生对知识的"吸收内化"。这样，教师就从"主演"变成了"导演"。

第三，翻转课堂实现了教学环境的"翻转"。现代网络信息技术的发展为创新教学模式的产生提供了技术保障。翻转课堂改变了传统课堂只有粉笔、黑板、PPT 等的教学环境，它通过功能强大而全面的学习管理系统（LMS）整合了线下课堂与网络空间。教师可以通过学习管理系统，有效地组织和展示各种教学资源，动态地了解学生学习过程中的各种信息，从而做出更有针对性的辅导；学生依托学习管理系统，可以方便地建立学习共同体，协同完成学习任务。陈坚林（2010）指出，如果能够利用超越式发展的计算机技术创建理想的外语教与学的环境，教师角色必然要进行分解和重建，为以"学生为中心"的学习创造条件。

第四，翻转课堂实现了认识观念的"翻转"。翻转课堂最重要的教学资源之一就是微视频。微视频将知识片段化，并引入了类似游戏中"通关过卡"的概念，将教学和学习在一定程度上与游戏相结合。游戏包括数字化游戏和游戏活动两种，游戏化教学和学习借鉴游戏中的设疑、挑战、过关等理念，利用学习者对游戏的爱好心理，将教学目标分层隐蔽于游戏活动之中，并根据学习者的心理和生理等特征，采取相应的游戏化教学策略，使学生在游戏中学习和内化知识。为了解学生在观看微视频后有没有"通关"，微视频后面紧跟着4~5个小问题，以帮助学生及时进行检测；学生对问题的回答情况，能够及时地通过云平台进行汇报处理，帮助教师了解学生的学习状况。微视频还可以帮助学生复习和巩固已学知识。评价技术的先进，使得学生的学习状况在每个环节能够得到实证性的验证，有利于教师真正了解学生。

需要强调的是，无论是从国外的经验来看，还是从国内的实践来看，翻转课堂的实施所涉及的核心要素都不再局限于教室内，而是包括网络教学平台和教室在内的一个整体。与此同时，教学视频的使用与传统教学流程的调整是翻转课堂的最具特色的两大标杆性要素。正如乔纳森·伯尔曼等人所强调的那样："翻转课堂不是在线课程，它是直接指导和建议式学习的混合模式。"翻转课堂并非用视频替代教师，它是一种增加师生互动的教学方法，翻转课堂借助互联网技术为学生提供了一个自主学习的环境，让所有学生都能结合自身实际情况来调整学习进度，在真正获得个性化教育过程中不断提高自身的研究性学习能力和创新思维水平。

2. 翻转课堂给高等教育改革带来的机遇和挑战

翻转课堂的实践与我国教育改革的关系，也是专家学者目前都在思考的问题。翻转课堂在国外高等院校的成功实践，彰显出我国课堂教学改革的重要性和紧迫性。翻转课堂除了能教给学生知识以外，还锻炼了他们自学和开展研究性学习的个人综合能力，这与我们一直探索的素质教育理念是相通的。目前翻转课堂给高等教育改革带来的既有机遇也有挑战。

（1）翻转课堂给高等教育改革带来的机遇。

第一，翻转课堂能够体现混合式学习的优势。目前，海内外的学者普遍认为，翻转课堂不仅仅是一种能够促进教师与学生之间互动及学生将学习时间个性化的手段，它更是一种全新的混合式学习方式，是利用互联网技术对课堂教学模式实施重大变革所产生的全新成果。事实上，翻转课堂从产生之初就是以将"课前在家里听看教师的视频讲解，课上在教师指导下进行讨论和做作业（或实验）"这两种学习方式进行混合为目的的。后来，翻转课堂在借鉴了慕课的一些优势之后，更进一步发展成为在线开放课程与课堂教学方式的混合（这里的在线开放课程又有完全在线和部分在线之分）。我们相信，随着互联网和信息技术在国内的使用越来越广泛、越来越成熟、越来越深入，翻转课堂所体现的混合式学习所具有的优势就会不断地被放大，这将非常有利于实现我国高等教育长期追求的目标——使学生学会学习、学会创造。因为只有利用混合式学习方式，才能让学生在有限的课堂时间内，与教师和同学交流更多有价值、能够培养其探索意识的问题，才能够让学生在探索的过程中学会怎样开展研究性学习，从而培养其创造性思维和能力。

第二，翻转课堂有助于构建新型的师生关系。上面提到翻转课堂的开创者——林地公园高中的两位化学教师乔纳森·伯尔曼和亚伦·萨姆斯后来把翻转课堂重新命名为"翻转学习"。之所以要做这样的更改，是因为他们认为："传统的面对面教学过程中，不管是教师讲授还是与学生对话，都是以教师为中心的一对多的形式；而翻转课堂则完全改变了这种形式，不管是学生在家观看教学视频，还是在课堂上师生面对面地互动交流，都是以学生为中心而展开的。学生可以掌控自己看教学视频的进度，可以提出自己的问题、想法，与教师或同伴交流，从而获得了学习上的主动权。"事实上，这是从新型师生关系的角度来看待翻转课堂的作用与效果的一种代表性观点，这种观点也得到国内一些知名学者的支持。例如，华东师范大学的赵蔚等人就认为："翻转课堂之所以有利于重构和谐的师生关系，是因为教师让学生根据自己的兴趣自主选择探究题目进行独立解决，指导学生通过真实的任务来建构知识体系，真正做到以学生为中心。"清华大学的刘震等人还明确指出："在翻转课堂中，教师和学生的角色定位发生了变化，教师从传统课堂中的知识传授者和课堂管理者转变成为学习指导者和促进者；学生则由被动接受者转变成为主动研究者。"事实上，我国在长期开展高等教育和教学改革的过程中所面临的一个核心问题恰恰就是教师和学生之间的关系，处理不好或者说无法理顺教师和学生的关系，必将造成很多教育和教学改革的举措无法落实、效果不佳。因此，从这个角度来看，翻转课堂在构建新型师生关系的基础上，对于推进各项教育和教学改革的顺利实施具有非常重要的积极作用。

第三，翻转课堂能促进教学资源的有效利用与开发。从翻转课堂在国外的发展历程可以看到，早期它离不开可汗学院视频录像"教学资源"的支持，后来随着慕课的崛起，翻转课堂又吸纳了在线开放课程的优势与特点；而网络在线课程除了强调"互动、交流、反馈"和"在线学习社区"以外，还特别关注网上与教学有关的各种信息资源的广泛收集、有效利用与研究开发。因而学术界普遍认为翻转课堂对于促进教学资源的有效利用与研发是非常有利的，因为它既是促进教学资源利用的理想平台，又是推动教学资源进一步研究与发展的强大动力。就以教学视频为例，传统的这类视频大多是对课堂实况的简单录制，没有对教学信息进行二次深层加工，无关信息较多，容易分散学生的注意力。为弥补传统教学视频的这类缺点，以便更有效地利用视频资源，对于课前所用教学视频的录制与开发，翻转课堂从两个方面做了改进：一是采用了一种"用录屏软件 +PPT 进行录制"的全新方式，这样录制的教学视频，除了教学内容和语音讲解之外，没有其他冗余信息，与传统教学视频的呈现方式相比，更有利于集中学生注意力，从而提高课前自主学习的效率。二是将知识单元的粒度细化，传统教学视频一般是以一课时的内容作为一个知识单元进行讲授，时长在 45 分钟以上，由于视频包含图像、文字、声音，传递的信息极为丰富，若时间过长，学生将难以消化。在翻转课堂中，对知识单元的处理则有所不同：它将一课时的内容进一步划分为若干个知识点，对每个知识点用一个"微视频"进行讲解，并配有相应的针对性练习，加以巩固；这些微视频的时长，一般是在 5 ~ 10 分钟。正如我们前面提到的，国内很多高校之所以采用大班授课的教学模式，是因为伴随着高等院校招生人数的持续增长而导致我们的教学资源严重匮乏，是一种不得已而为之的举措。而翻转课堂促进了大量优质教学资源的开发，这些在互联网上公开的资源使得那些暂时还不具备推广小班研讨式教学的高校能够有效地利用这些教学资源，并在此基础上进行一些提高教学质量和教学效果的尝试。

（2）翻转课堂给高等教育改革带来的挑战。

第一，教师观念转变难。从我国来看，传统教学强调"师道尊严""为人师表""传道、授业、解惑"，强调教师在课堂上的监控、讲授及整个教学过程中的主导作用，总之，是"重教轻学"，要实施好这种教学，教师必须树立"以教师为中心"的教育思想。若以美国为代表的西方来看，早在20世纪初（1900年前后），杜威就已提出"以儿童为中心""以活动为中心"的教育理论，在20世纪中叶（五六十年代），布鲁纳又强调基于学生自主探究的"发现式学习"。可见，其传统观念是"重学轻教"，从而为后来建构主义倡导的"以学生为中心"的教育思想在西方的广泛流行奠定了基础。而翻转课堂是基于"混合式"学习方式，其教学过程包括课前的在线学习和课堂面对面教学这两部分。前者（在线学习）以学生自主学习为主，但并未忽视教师的启发、帮助与引导；后者（面对面教学）重视教师的指导作用，但更关注学生如何在教师的指导下，通过自主探究与小组协作交流来促进认知与情感的内化。显然，要把这两部分的教学都开展好，都能有效地达到预定的教学目标，教师应该树立的教育思想既不是"以教师为中心"，也不是"以学生为中心"，而是以 Blended-Learning 为标志的"混合式"教育思想（一般简称之为 B-Learning 教育思想，用我们中国的方式表述，就是"主导—主体相结合"的教育思想），也就是要把传统教与学方式的优势和 E-Learning（数字化或网络化教与学方式）的优势结合起来：既要发挥教师启发、引导、监控教学过程的主导作用，又要充分体现学生作为学习过程主体的主动性、积极性与创造性。与此同时，为了有效实施翻转课堂，教师的教学观念也必须同时改变。教学观念是从观念形态上对"如何开展教与学"活动做出的最高层次的抽象与概括，一切教学方式、学习方式及各种教学模式、策略与方法，都属于教学观念的下位概念；而教学观念与教育思想一脉相承，有什么样的教育思想，就一定会有与之相适应的教学观念。例如，若坚持"以教师为中心"的教育思想，其教学观念就一定是强调以"传递—接受"为标志的教与学活动（可称之为"传递—接受"式教学观念）；若坚持"以学生为中心"的教育思想，其教学观念就必定是强调以"自主—探究—合作"为标志的教与学活动（可称之为"自主—探究"式教学观念）；而在以"B-Learning"为标志的混合式教育思想（"主导—主体相结合"教育思想）指引下的教学观念，则是兼取"传递—接受"和"自主—探究"这二者之所长而形成的一种全新观念，它强调以"有意义的传递与教师主导下的自主探究相结合"为标志的教与学活动（可称之为"有意义传递—主导下探究相结合"的教学观念），这正是保证翻转课堂的有效实施所必须坚持的新型教学观念。刚才已指出，这种新型教学观念是"传递—接受"和"自主—探究"这二者的混合，但并非这两种教学观念的简单叠加，而是通过对二者的改进与发展而形成，并要以适当的方式加以贯彻实施，方能奏效。由此可见，为了有效地实施翻转课堂，对广大教师教育思想和教学观念的更新是一场比较严峻的挑战。

第二，课件制作门槛高。翻转课堂要求学生在课前观看教师的讲解视频——这类视频材料早期是按传统方式录制的教学视频，后来则发展成与一个个知识点相结合，并配有针对性练习的"微视频"（一种优质教学资源）；每个学科的教学内容、知识体系、知识点组合等情况均有很大差异，要想在多个学科中推行翻转课堂这种全新教学模式，并且要力争做到"常态化"的话，所需要的微视频的数量是巨大的。美国因为有非营利的"可汗学院"的支持，能够解决各学科优质教学资源（大量优质"微视频"）的研制与开发问题；但是在我国，目前还缺乏与"可汗学院"类似的民间机构，因而在这方面仍面临相当严峻的挑战。事实上，我国尽管也顺应时势启动了国家和各省级的"精品课程建设工程"，向社会免费开放精品课程资源，但是这些"精品课程建设工程"存在资源可用率低，用户界面优劣相差较大的问题，缺乏面向学习者的学习指引和练习测试的反馈，而且教材以文字类型的资源为主，缺乏文字、图片和视频的整合等问题。林君芬等人对我国一些高校网络学院和比较有名的中小学网校的网络课程的现状进行了深入思考，发现他们的网络课程建设存在着缺乏充足的教学材料或教师资源、教学内容的表现形式单一、自主学习资源不足、导航系统不强、缺乏评价与反馈、缺乏教学活动设计等种种问题，总的来说缺乏高质量的网络课程，且大部分网络课程仍强调"教"，不能充分发挥学习者的主动性。即便教师可以在网上的开放教育资源中，寻找与自己教学内容相符的视频资源作为课程教学内容，节省人力、物力，但是网络上的开放教育资源可能会与课程目标、课程内容不完全相符，因此必须自行录制教学视频，而自行录制教学视频将会增加教师的工作量，对教师的多媒体制作技术和时间提出了挑战。可喜的是，2013 年八、九月间，由华东师范大学牵头成立了 C20 慕课联盟；成立该联盟的目的在于借助慕课平台实施翻转课堂，实现学校教学模式的变革，为创新人才的培养创造良好环境。

第三，教学效果评价难。作为课程教学过程中的重要环节，适应翻转课堂的教学质量评价体系目前在国内高等院校中还没有得以建构，相当多的翻转课堂实践依然采用传统课堂教学评价的方法，这显然是不能够全面实现对于教学效果的检验。王�（2014）对目前国内翻转课堂的实证研究进行了梳理分析，发现现阶段对于翻转课堂教学效果的评价可以分为两个部分：一是学生考试成绩或实践作品质量；二是对经过翻转课堂教学的学生主观学习态度的调查。在其所研究的国内翻转课堂典型案例中，研究者都没有专门设计翻转课堂的教学评价体系，仍然采用传统课堂的评价标准，尤其对于课堂协作活动、课前学习活动的过程性评价，都没有纳入翻转课堂教学效果的评价体系中。该研究同时对国外相关案例进行了分析，发现国外学者 Brooke Morin 通过强化学习过程考核（如课前准备、教室实践、作业提交等），将期中和期末考评成绩计为全部成绩的 35%（分别为 20%、15%），有效构建了针对翻转课堂的教学评价体系。针对翻转课堂的特点，张金磊等（2012）的研究指出："翻转课堂评价体系尤其要体现出专家、学者、教师、同伴及学习者等多种角色在评价中的作用。"这正同提倡"价值多元、全面参与和共同建构"的第四代教育评价理论相符合。基于此，能否建立适合翻转课堂的教学质量评价体系，已经成为制约翻转课堂深入发展的瓶颈。事实上，由于我国目前的教育评价体系存在着标准单一、方法简单、技术落后等弊端，学科考试成绩实际上是对学生评价最主要的标准，学生的升学率则是对学校工作评价的最终指标，在这样层层向下传递的沉重的考试压力下，教师、学生、家长、社会期待的是考上个好学校，所以学校对教学改革（包括翻转课堂）持观望和迟疑态度，家长和学生对素质教育可能会采取相对保守的立场应在情理之中。因此，在翻转课堂的教学模式改革过程中，找出一条增长知识与提高学历协调发展的路子来，是所有教育工作者都必须思考的一个问题。

3. 对翻转课堂教学模式改革的几点反思

任何新事物在被人们接受和应用时必然会遇到许多阻碍，翻转课堂教学模式改革在被高等院校广大教师认可和应用的过程中也势必经历一个不断改进的过程，在这个过程中需要我们认真思考和面对，或者说需要我们不断反思的问题主要有以下几方面。

第一，转变传统教育观念，坚定教育变革的信念观念决定行为。有什么样的教育观念，就会有什么样的教育行为。目前仍然有部分教师秉持以教为主的教育观念，将教师、教材和课堂作为教学的中心，填鸭式灌输知识给学生，以学为主的教学理念还不被他们接受。教师被当成解答问题的万能机，一是教师自己把自己当成万能机，在学生而前不敢也不能说"不"字；二是学生把教师当成万能机，学生提出的一切问题教师都必须回答正确。另外，在我国，教师、教育行政人员乃至学生和家长都一定程度上存在功利主义观念，即唯升学率为重。教育中的功利主义就是一种以眼前教育利益的获得为最大追求目标的价值取向，它包括学校为了获得好声誉、好来源和好效益而只追求就业率；教师为了获得学生成绩排名好名次、教学水平好名气和社会晋升而只追求就业率；学生为了获得好分数，考取好学校，将来找份好工作而更加看重就业率。因此，一些教师在选择尝试翻转课堂时，受到教育传统观念和功利主义等方面的影响，往往会放弃或消极应对。在翻转课堂初步引入我国教育实践时，要求教师转变传统以教师为中心的教育理念，树立以学生为中心的教育理念，坚定教育变革的信念。

第二，提升教师的学科知识水平、教学设计能力与信息素养翻转课堂成功应用的关键点在于学生对教学内容的高效内化。学生对教学内容内化的程度，一方面取决于学生的学习动机，但更取决于教师对教学内容、课堂对话、交流、学生协作学习等方面的教学设计，精心设计、细致观察，以提升学生对教学内容的内化效率。翻转课堂对教学内容的设计，大部分都采取视频的形式展现，且视频的录制要求短小精练和主题突出等，这对教师的视频录制和处理能力有了相对于传统教学更高的要求，同时学生在课外自主学习要求教师能在线答疑并能提供自主学习的帮助，这都对教师的信息素养提出了更高的要求。因此，在翻转课堂初步引入我国教育实践时，要求教师以建构主义学习理论为指导，不断提高自身学科知识水平、教学设计能力和信息素养等。

第三，转变评价观念，体现评价的多元性和发展性。翻转课堂的教学效果评价要实现评价方式多元化，打破传统评价中教师以分数和升学率为主体对学生进行的评价体系，建立由教师评学生、生生互评、学生评价课程构成的多元评价方式，并强调终结性评价与形成性评价相结合，允许学生观看其他教师相同主题的教学内容，关注学生的学习过程与课堂内容，关注教育资源的共享和促进教育均衡发展。翻转课堂的教学评价关注学生素质的全面发展，体现教育促进学生全面发展的理念。翻转课堂教学应用模式通过课下学生的有支持的自主学习，培养学生的自主学习能力和提升学生的信息素养。同时通过课堂教师引导的、协作的、自主的知识内化过程实现自身的发展，充分体现了教育由传统的选拔功能向强化育人功能和促进学生全面发展功能的转变。

第四，转变教师发展理念，体现教师专业发展的自主性。教师专业发展是指教师具有较强的自我专业发展意识和动力，自觉承担专业发展的主要责任，激励自我更新，通过自我反思、自我专业结构分析、自我专业发展设计与计划的拟订、自我专业发展计划实施和自我专业发展方向调控等实现自我专业发展和自我更新的目的。翻转课堂在教学设计中要求教师对学生的学习问题和困难进行整合，并设计学生课堂活动的主题，指导学生自主、协作学习和其他活动，由于不同的学生出现的问题或困难是不相同的，这必然要求教师在平时教学设计时根据不同学生的问题或困难进行自我反思，不断提升自身的学科素养和教学能力，强化教师专业发展的自主性。

二、微课与慕课教学

事实上，从西方目前的实践情况来看，前面所探讨的翻转课堂式教学在课前学习这个环节基本上要依赖微课与慕课。然而，微课与慕课既可以作为一种重要的教学资源供采用翻转课堂式教学的教师所使用；也可以作为一种重要的教学方式。并且，借助微课与慕课这种教学方式，也能够起到提高大学生研究性学习能力的作用。为此，我们将在分析微课与慕课的内涵和特点的基础上，探索国内高等院校目前利用微课与慕课的现状和问题。并结合提高大学生的研究性学习能力这个主题，研究微课与慕课在高等教育中结合应用的思路。

1. 微课与慕课的内涵和特点

慕课（MOOC）即大规模网络开放性课程。字母"M"代表"大规模"（Massive），传统线下课程只有几十个或几百个学生，慕课则有上万人。此外，大规模还有一层含义，即慕课不是一个人发布的一两门课程，它通常来自一个团队、一个高校，或一个跨校甚至跨国教育联盟，形成了一个广泛的课程群。第一个字母"O"代表"开放"（Open），即尊崇创用共享（CC）协议，以兴趣为主要导向，只要是想学习的，都可以进来学，不分性别、年龄、地区甚至国籍，只需一个邮箱，就可注册参与。只有当课程是开放的，它才可以称之为慕课。第二个字母"O"代表"在线"（On—line），通过在线网络，采取视频观看、论坛讨论、邮件往来等交流方式完成学习，上课地点无须受到物理距离和当下时间的限制。当然这也注定了其交互性必须受到网络的限制，难以采取面对面的交流讨论，对学习者的网络环境和课程提供者的现代网络技术也提出了更高的要求。"C"代表"课程"（Courses），慕课课程处于一门课和一节课堂之间，一门课若由不同的人来讲授、录制或实施助教管理，就可能呈现出不同的慕课课程，一个慕课课程可以被切分成数个网络课堂，每个网络课堂以一个网络视频为核心，辅之以在线答疑、相关作业、阅读资料等。

由慕课的定义和特点可见，慕课远不是一个教学视频所能概括的。慕课的大规模数量特征和开放性应用特性异常鲜明，因此慕课的应用实践及相关研究都更多地指向网络教学过程、网络教学资源建设、网络课程考核体系、教育证书的社会化运作等多个维度。微课则不同，它更多地指向教学视频这种资源。根据国内微课发起人胡铁生（2013）的定义，微课是以微型教学视频为主要载体，针对某个学科知识点或教学环节而设计开发的一种情境化、支持多种学习方式的新型在线网络视频课程。与慕课的大规模、开放性等特点不同，微课更突出时间短、内容精、模块化、情景化、半结构化等特点。

关于微课与慕课的具体区别，李娜等（2015）在最近发表的一篇题为《微课与慕课在高等教育中的结合应用探究》的文章中做出了比较准确而详细的分析。

首先，微课一定要"短小"，这使它不同于过去的课堂录像，后者一般以一堂课为基本单位，有时甚至是一个两小时长的讲座，而微课一般为 5 ~ 15 分钟，根据心理学对学生视频停留规律和学习认知特点的研究，微课甚至不适宜超过 10 分钟，最好保持在 5 ~ 8 分钟为宜。在美国还出现了一些 1 ~ 2 分钟的微课，被称为"知识脉冲"（knowledge burst）。微课的短小注定了其内容必须精致，否则微课就难以完整而透彻，进而难以作为独立的学习对象吸引大批群众。那么，录制一小段教学视频是否就能称之为微课了呢？纵观当今网络上各种各样的教学视频，不难发现，如果没有改变传统的课堂教学组织方式，仅仅拍摄一小段这样的视频并不能称之为微课，因为它有可能难以被应用推广到教学过程当中。要使得微课视频方便应用、有价值，在录制之前，就需要对其进行总体计划和组织编排，使其模块化；在录制过程中，要采用各种方式吸引后期观看者容易进入学习体验的情境；在录制完之后，要方便教学者对微课视频进行各种不同的运用，比如作为课前预习的帮手，作为课堂教学的辅助案例或讲授的调节剂，作为课后作业或小组项目训练的素材或样板等，它必须是半结构化即又完整又敞开式的，可以随意被教学者嵌入教学过程的各个环节。由此可见，相对于处在宏观体系层次的慕课，微课更注重微观层次的策划、选材、制作，追求视频的整体质量（内容的、形式的、技巧的）努力吸引学习者和方便教学者，这为二者的互补性应用提供了可能。与此同时，尽管慕课不仅仅意味着通过视频观看来完成教育活动，如前所述，它也强调论坛讨论、邮件往来等交流方式，但不可否认，师生一切交流的前提是视频制作与观看，这是承载师生交流的一座桥梁或一块基石，又为二者的结合应用带来了可能性。

总之，在现实应用当中，微课和慕课有着极其紧密的联系，这种至关重要的联系还可从随后对二者在国内外发展的现状和问题分析中再次得以证实。

2．我国高校慕课发展的现状与问题

正如我们在前面介绍翻转课堂时所提及的那样，在慕课大行其道的背景下，教育的信息化、产业化飞速发展，日新月异。2011年，斯坦福大学的一位教授塞巴斯蒂安·特伦（Sebastian Thrun）成立了在线教育初创公司 Udacity，欲使全世界数百万没能接受高等教育的学子可以通过网上授课享受到斯坦福大学式的教学和课程。2012年5月，哈佛大学与麻省理工学院共同宣布，投入6 000万开发在线教育平台"edX"，其主要目的是配合校内教学，提高教学质量和推广网络在线教育，通过整合两所名校师资，使10亿人受益。在这一影响和推动下，美国顶尖大学陆续设立在线网络学习平台，面向全球大学生提供免费的网络课程，Coursera、Udacity、edX 三大课程提供商也随之兴起。除了和哈佛大学、斯坦福大学、密歇根大学、普林斯顿大学、宾夕法尼亚大学等顶尖级大学合作外，它们像真正的大学一样，有一套自己的学习和管理系统，日益受到瞩目。为此，人们将2012年称为大型开放式网络课程元年。不过，国外的在线教育公司并不满足于此，它们的目标是盈利，将公司转变为真正的商业企业。为此，Udacity 通过安德森·霍洛维茨（Andreessen Horowitz）基金领投的 B 轮融资募得1 500万美元，帮助其发展盈利业务。尽管 Udacity 的课程免费，但学生可选择参加一些收费的认证考试，或者通过付一定的服务费让 Udacity 帮助其找工作。此外，在线教育科技公司 2U 也募得2 600万美元；在线基础教育网站 Codecademy 募得1 000万美元。来自美国风险投资协会的数据表示，未来5年在教育科技方面的投入将连年增加。

中国国内慕课现状如何呢？此前，哈佛、麻省、耶鲁等名校的公开课已在中国产生广泛影响。在来自世界教育变革大潮的压力下，清华大学、北京大学、香港大学、香港科技大学也正式加盟美国在线教育平台 edX。之后，清华大学又于2013年10月10日正式发布中国大陆第一个由高校主导的慕课平台"学堂在线"。几乎与此同时，由台湾交通大学、上海交通大学、西安交通大学、西南交通大学、北京交通大学共同合作发起成立了 ewant 开放教育平台，课程主要由两岸五所交大提供，修课通过者可以获得交大学习认证。2014年4月8日，上海交通大学自主研发的中文慕课平台"好大学在线"发布，作为中国高校慕课联盟的官方网站来推出 C9 高校及985高校的优质慕课课程。

显而易见，国外的慕课大都由高校发起，但由市场企业如 Udacity 等运行，而中国的慕课主要由高校发起并主导应用，企业在此过程中扮演的角色似乎不够明显。不过，打破高等教育的限制，放眼中小学教育及整个社会教育领域，也可以看到我国在线教育市场上企业家们的努力：2012年12月底，网易在继"公开课"之后，正式上线"云课堂"，意欲和传统教育机构形成互补关系。接着，网易旗下只做云笔记、搜索、词典三款产品的有道也开始布局在线教育，试图促使有道词典中 3.6 亿的激活用户完成变现；2013 年 4 月底，百度测试"百度课程"，在搜索结果中直接展示课程结果，自建教育领域的中间层；2014 年 1 月，百度教育正式推出"度学堂"，以直播形式提供中小学、IT、艺术等门类的课程。在商业化方面，中国在线教育企业也有可圈点之处，继中国大学网络公开课之后，全国最大电商淘宝推出课程平台"淘宝同学"，面向公众提供有偿视频直播平台，腾讯也推出"腾讯大学"。由此可见，国内在线教育发展尽管起步晚，但也十分迅速，有人据此推断，我国在线教育市场进入新的发展阶段。

然而，也有学者对在线教育的发展表示惊叹的同时，也难免心怀忧虑。例如李娜等（2015）就认为，在线教育市场的发展向中国传统的高等教育机构提出了新的挑战：第一，教师职业能力面临转型，教师除了要熟悉所攻专业的教授内容、教授技巧之外，还要学习视频拍摄和制作方法、网络基本知识、组织网络活动等，几乎要变身成一个"大导演"。第二，传统授课模式将不断被要求革新，那种"讲台上教师神采飞扬、讲台下学生低头繁忙"的现象必将被社会历史无情地抛弃。短平快的社会节奏将把教育推向不仅追求内容而且要求形式、色香味俱全的快餐时代，谁的授课视频更精美，谁的视频设计更具悬念和启发性，谁的论坛互动人气更火爆，谁的网络口碑更神话，谁就将成为新时代更具社会影响力的教学大师。第三，传统教育机构本身也面临风险。甚至有人预测，未来的实体性大学将所剩无几。虽然有点骇人听闻，但今天"想找份旧报纸都变得困难""收音机缩水为车载收音机"等事实已经无情地证明，时代的转变并不比我们的想象慢太多。何况，现实中，的确在各大高校都已出现了比前网络时代更高的退学率。

需要说明的是，在对中国传统的高等教育机构所面临的新的挑战表示担忧的同时，李娜等（2015）也指出：在线教育发展同样面临着一定的困难，例如视频碎片化与知识系统化之间的张力、视频内容种类的有限性、视频内涵质量的把控、视频影响力的提升、在线学习的考核机制与认证体系、在线教育的盈利模式等问题，都需要联手传统高等教育机构来共同解决。这实质上又为高校的成长创新提供了新的发展空间和机遇。谁最先建构起快捷、有效的适应体系，谁能推出在质量上堪称重量级的视频课程，谁就会在新一轮的教育市场竞赛中拔得头筹。

3. 我国高校微课应用的现状与问题

近两年，慕课平台尤其可汗学院的成功将微课推到众人眼前。在当前已经投入使用的慕课中，学生们喜欢的课程大都具有以下四个特点。第一，教师善于表达，授课过程类似演讲，语言简练、清晰，且富有表达力和影响力；第二，视频动画丰富，画面色彩、语言个性突出，精致而活泼；第三，每集视频长度不是太长，大都在 10 ~ 20 分钟；第四，教师在翻转课堂的课堂讨论环节或者网络答疑环节互动较好，既尊重学生，又启发学生，既关怀学生，又给学生以自我思考和发展的空间。其中，前三个特点都与微课的开发与应用密切相关。

为迎接在线教育快速发展提出的挑战，教育部全国高校教师网络培训中心于2012年12月至2013年9月举办了首届全国高校微课教学比赛，全国参与比赛高校1600多所，涵盖985、211、一本、二本、三本、高职高专、开放大学、民办高校、独立学院等，参赛作品12000多件。其中，山东省高校提交的微课作品数量最多，达2968件。2014年3月，中心又启动了第二届全国高校微课教学比赛。

两年一届的高校微课教学比赛的确提高了微课在高校中的知名度和影响力，使其不再是中小学的独角戏。因为此前，微课已在中国的中小学被广泛应用并达到一定水平，相应地产生了大量的研究著作，部分中小学甚至已将"微课制作与应用"列为教师培训中的常规性课程，而在高校中，却几近无人知晓，以至于参赛教师首先对"什么是微课"这一基本问题产生了巨大的争议。可见，在高校中举办微课教学比赛，有利于发现问题、厘清认识，推动教学信息化的创新。

针对首届全国高校微课教学比赛反映出的问题，结合现实情况分析来看，目前微课制作与应用存在以下问题：①没有认识清楚微课制作的目的和应用方向，导致选题点过多，聚焦点不清，结构上过于求全，不仅难以产生大量的优质参赛作品，更因缺乏对课程的整体设计和对微课制作的长期规划而难以形成大体化的资源体系。②各高校重视程度相差很大（参赛作品最多的山东省提交微课的数量超过了初赛报名总数的1/4，山东交通学院提交了121件，积极性最高，而有的高校却没有参加），录制条件参差不齐，录制技术未经专门培训，大多依赖所教专业和个人兴趣。③微课作品应用性较差，类型不够丰富，多数制作者简单地将课堂实录下来，没有考虑后期应用的兼容性，对提高教学效果的作用不明显。④关于优秀微课评选方式、评审标准、评审价值取向等认识不一。由于每个专业的教学模式不同，理科课程、工科理论课程、技术实践类课程、人文思想类课程、社会调查类课程、艺术类课程等不同类型课程之间的教学特点差别很大，教学环境和方式要求各异，再加上现有微课视频大多缺少长期的教学实践应用，学生的客观评价缺失，仅靠有限的评委在较短的时间内对大量作品进行评选，结果容易引发质疑。如首届微课教学比赛中某省于复赛结束前一天晚上在"再不公示复赛结果，视为弃权"的警告下匆忙公示结果，在参赛教师中引起大量猜测，打击了部分参赛教师的积极性。在组织方建立的全国高校微课教学比赛QQ群中，众多参赛教师热烈讨论的焦点最终主要集中在微课的定义和分类、微课的质量评价标准、评价主体甚至微课比赛的意义上，从反面反映出高校普遍存在的对微课认识不清的问题。⑤目前国内与微课教学相关的研究性论文、著作较少，有关微课在高等教育教学中的开发与应用的指导性科研成果更是凤毛麟角，指导性研究的缺乏是造成参赛者疑惑的重要原因，也成为国内高校开发与应用微课的重要障碍。

虽然，高校教师微课比赛的热度不减，但同时也要认识到，微课比赛的如火如荼并没有带来微课的整体发展，因为微课比赛与目前的职称评价体系紧密相关。首届高校教师微课比赛后，多数获奖者因此获利，这无可非议，但获奖者中极少有人将微课制作与应用作为一项工作持续下去。所以，对于微课比赛的意义，有必要一分为二地认识，不能期望太高。从慕课和微课在中国的应用现状可见，慕课主要应用在高等教育教学领域，而微课则最早发端于中小学，后来才被高校借鉴。目前，从制作质量、制作培训体系、评价体系、资源开放量、应用广泛度、认知度和影响力等几个指标来看，中小学微课远远领先于高校微课。高校微课什么时候才能获得整体的长足发展？恰如在微课特点中所述，缺少教学模式转换这一土壤，微课就难以获得现实的生命力。这一点，微课与慕课殊途同归。

4. 微课与慕课在高等教育中结合应用的思路

根据教育教学的一般规律，综合考虑微课与慕课的特点、发展现状和主要障碍，可以概括出二者在高等教育中结合应用的工作思路和主要任务。只要厘清了在高等教育中结合应用微课与慕课的工作思路，明确了相应的主要任务，就一定能够产生良好的教学效果，并最终起到提高大学生研究性学习能力和创新思维的作用。事实上，李娜等认为微课与慕课的发展现状所折射出的问题具有联系性、共通性、相互依赖性和互补性，所以两者应用难题的解决不应孤军奋战，而应联合起来考虑，寻求整体性的问题破解方案。为此，他们提出了在高等教育中结合应用微课与慕课的以下建议。

第一，学习者是学习的主体，课程与学习者的个人经验紧密相连，因而慕课开发应重点包含从学习者的角度出发和设计、以大学生学习思维为主线录制的、在高等教育教学改革中能被广泛应用的微课。

第二，课程必须重视知识的系统性，因而对于慕课策划和微课录制，都必须加强前期规划与设计，体系化进行，这样才能形成有效的系统化资源。

第三，在慕课和微课发展中，切忌制作方式、质量标准的"一刀切"；教学方法设计应依据教学目标、教学内容、学生特点、教师自身经验、教学资源装备等进行；应鼓励创新，加强效果跟踪评价。

第四，微课和慕课必须结合教学模式的变革、教学方法的创新来实现落地应用。大学教学方法设计目前面临由"单一方法"到"灵活组合"、由"权威灌输"到"质疑理解"、由"结果传授"到"过程经历"、由"独白布道"到"对话教学"的整体转型。因而慕课和微课的实践过程不能忽视"视频观看"之外的讨论、提问、答疑等交流环节的设计和应用。借助新兴的教学方式，微课和慕课不仅能帮助实现翻转课堂的改革，而且为学生的跨专业学习、学校的学分制改革提供了便利，有利于创新性人才的培养。

第五，网络平台辅助下的课堂教学已成为大学课堂教学的新型组织形式。现代教育技术的快速发展及网络数字化学习资源的开发应用都要求教师加快实现角色转型，教育行政部门应帮助教师学习信息化教学设计和方法，不断更新和提升现代教育技术应用能力。同时，高校也有必要组建慕课/微课制作人才团队，减轻教师的工作压力，通过细化社会分工提高工作实效。

　　第六，大学教学除了具有文化传播、文化创新的价值，还应提高经济增长的价值。教育行政部门应积极与教育企业、投资人交流沟通，收集能够平衡知识产权和知识共享的慕课／微课资源开发建设思路，在高校建立起合理的投资和激励机制，探讨高校微课资源如何与社会公益微课资源、社会商业微课资源相互区分并开展合作，以独特优势更好地为建设学习型社会发挥作用。"人人皆可为师，处处皆可为课，时时皆可为学"的泛在学习（U．Learning）、移动学习（M.Learning）逐渐成为全球教育的大势所趋。一方面，微课和慕课的结合，以及随之而来的友好的人机界面、高端的学习体验，能够帮助高校更真切地实现社会服务职能，更鲜明地体现大学教学长期被人忽视的开放性特点。更重要的是，以优质微课为内容的慕课将对提高大学生自主学习能力、连接学历教育与非学历教育、健全终身教育体系发挥巨大作用。要推进移动学习和远程教育，构建学习型和创新型社会，就必须推进慕课和微课在高等教育教学中的联合开发和综合应用。

第三章　高校信息化教学应用建设

第一节　网络教学系统的应用建设

教育信息化建设已从基础平台建设逐步发展到应用平台建设。针对这种情况，高校信息化建设应该集中精力开发基于教育城域网解决方案，面向教学、培训和教研三大应用，整合优质教学资源，打破教育城域网原有产品用于网站、负责文件上传下达的简单功能。

一、网络环境建设

教育城域网的网络环境按其应用功能可分为四类：一是用于办公，如教师备课、文件上传下达等；二是用于通信，以网站为代表，融合了 BLOG 等技术；三是用于资源管理，现实情况是高校建设时，往往买了资源库，却没有本地资源进入，只能靠所购买资源库一年一两次更新，无法与教学形成互动；四是用于视频教学，真实记录课堂教学全过程，并对此进行录播、直播和记录输出，实现资源共享，教学评估，教师培训。其中的视频教学网络环境又细分为三大类：一是公开课视频会议；二是精品课程录播；三是远程教学评估。

二、教学平台建设

什么是教学平台？传统的黑板加粉笔的教学手段已无法适应当前大信息量的教学内容需求，尽管各高校纷纷建立多媒体教室，但是独立的多媒体教室，并没有充分利用网络资源，仍然不能摆脱以教师讲课为主的学习模式。为适应社会经济和科技发展对高素质创造型人才的需要，必须创造一个在教师指导下的学生自主式学习的环境。

当今，通信、网络和计算机技术的发展，为教育发展提供了技术支持，迅猛发展的现代教育技术提供了教学模式改革所必需的技术支持手段，这种新的技术手段就是网络教学平台。从广义上讲，网络教学平台是指将网络技术作为构成新型学习环境的有机因素，充分体现学习者的主体地位。不管哪种定义，网络教学平台不排斥传统的教学方式，它的教学活动组织要在传统的课堂、网络等方面同时展开。网络教学平台的发展其意义在于能够打破封闭的教育环境，进而建立一种开放的教学与学习环境。它改变了那种以教师为中心的教育观念，实现了以学生为中心，使教学成为在教师引导下交互式的双向活动。教师的角色由原来处于中心地位的知识的解说员、传授者转变为学生学习的指导者、帮助者、促进者。学生的学习方式在网络环境下摆脱了传统教学中以教师、教材、课堂为主要渠道接受知识的模式，学生可以在多元化的学习环境中获取更多更有用的知识。

高校可利用传媒与通信技术构建网络教学平台，开展网络教学活动。主要有开路电视远程教育系统，Internet 教育系统，以卫星传输为主、互联网传输为辅的教育系统，双向 HFC 有线电视网络现代远程教育系统，视频会议系统等多种形式。

（一）基于传统电视的远程教育系统

利用卫星电视系统、有线电视系统、无线广播等大众传播媒介传播各类教育教学节目和社会科学教学节目，学生则在各教学地点或家里利用电视机收看。

（二）基于 Internet 的远程教学模式

该教学模式以其丰富的教学资源、方便的交互方式、迅速的反馈交流，正成为现代远程教育关注的热点。在 Internet 上，学生和教师之间可以传输文字、图形、声音、图像等各种信息。它适宜于异步讲授，个别化学习。

（三）基于电视与计算机相结合的远程教育模式

通过有线或开路电视系统学生可以直接获得比因特网上传输质量高得多的视频和音频信息；通过网络实现远程教学课件的浏览与学习，通过电子邮件可传送作业或答疑；或者利用卫星电视系统传输制作好的 CAI 课件，使学生通过卫星下载有关 IP 课件，利用多媒体计算机自主学习。

（四）基于双向传输的 HFC 有线电视网络

用光纤和同轴电缆结合而成的 HFC（Hybrid Fiber Coax），这种融数模传输为一体，集光电功能为一身的网络结构，不仅使多频道的广播电视传输质量大大提高，更主要的是形成一个性能优良、双向传输、多功能开发的网络平台。它充分利用 MPEG2 视音频编码压缩技术、DVB2C 数字广播技术，获得高质量视频、音频和数据服务，保证教学过程的实时传播、实时交互与课堂交流。

（五）视频会议系统

作为一种交互式的多媒体实时通信方式，使异地之间面对面的交流成为可能，可以使处于不同地区的多个用户之间，利用先进的硬件技术来完成对视频与音频信号的压缩解压缩处理，进而通过多媒体网络相互实时地传送声音、图像、文件等信息，使用户更方便、更大限度地共享各类信息。

通过网络教学平台，学生在学习过程中可以突破传统教育空间的限制，在异地接受知识的传授，而不受区域和时间的限制。随着信息量的增大，学生的视野在扩大，学生的学习方式、思维方式也在改变，使学生的地位由被动的受教育者变为主动学习者，向自主化和个性化发展。

三、教学资源库建设

教学资源是指支持教学的相关资源，大致分为教材、支持系统和环境，甚至涵盖一切有助于教学活动的任何事物。

教学资源数据库是教学资源库的核心。它分为三个层次，最底层是媒体素材库及索引库，在此基础上，还有积件库、课件库、题库、案例库及相应的索引库，最上层是网络课程库和索引库。

学生将自己的教学经验和学习过程（如学生的电子作品集、教师和学生的讨论过程）填充到资源库中，这些内容可以随着时间的推移不断更新，建设成有本校特色的、个性化的、动态的校园网资源。

四、网络课件开发

网络课件的质量，不仅取决于制作课件的技术水平，还取决于教学内容的质量、学习内容的表现形式、学习方法的合理运用、学习策略的具体实施等因素。同时，开发网络课件需要运用教育学、心理学、计算机科学、美学和各专业学科等多方面的知识。因此，最好进行合作开发，以提高开发速度和开发质量。网络课件应考虑从以下几方面进行开发。

第一，课件的交互性。网络课件应该是最明显的"双主模式"的一种体现。因此课件设计时，就应该考虑教师与学生之间、学生与学生之间的交互。表现的知识应该是可操纵的，而不是教材的电子搬家。

第二，界面直观友好。软件界面要美观，符合学生的视觉心理；操作要简单。

第三，创新能力培养。学生在学习过程进行积极的思考，而不是处于被动接受知识状态，从而提升学生自主学习的能力和创新能力。

第四，科学原则。教育软件中所要表达的知识要具有科学性，措辞要准确，行文要流畅，符合知识的内在逻辑体系和学生的认知结构。

第五，教学设计原则。要重视教学设计，即要注意分析学习者的特征、要分析教学目标和教学内容的结构、要设计符合学生认知心理知识表现形式，设计能够有力地促进主动建构知识意义的学习策略。

第六，网络安全性的问题。由于课件在网络上运行，必须重视网络的安全保障，可为网络安装监控和防护措施。

第七，安全备份问题。对网络课程应该及时做好备份。

遵循以上方面进行设计的网络课件应该算是完善的网络课件，通过将这些网络课件应用于高校的信息化建设中，必定会对教学过程起到非常重要的作用。通过网络课件的应用，可以向学生演示和讲解知识，辅助教师进行知识的传授。在很大程度上帮助学生巩固知识，诱导学生积极思考，帮助学生发现探索知识。此外，网络课件除了教师在面授课用到之外，还可将制作好的课件上传到网上，学生下载之后可自主学习。

五、多媒体课件开发

目前，教育正在走向信息化、现代化。多媒体技术、网络技术已经为越来越多的学校所采用，成为教育教学的支撑技术。教育技术的现代化正在改变着教学手段、教学方法，势必带来教学内容、教学观念的更新，教育教学的改革势在必行。多媒体课件的开发对于教育教学改革起到了很大的推动作用。

多媒体课件是一种根据教学目标设置的表现特定教学内容和反映一定教学策略的计算机教学程序。它可以用来存贮、传递和处理教学信息，能让学生进行交互操作，并对学生的学习做出评价。

多媒体课件的开发与一般计算机应用软件的开发过程大致相同，都要运用软件工程的技术和方法。但由于多媒体课件是面向教学过程的，因此，多媒体课件的开发并不完全等同于一般计算机应用软件的开发，需要充分考虑多媒体课件的特点及应用的教学情况，并在现代教育思想和教育理论的指导下，按照科学的流程才能使开发的多媒体课件符合教学规律，取得最好的教学效果。另外，多媒体课件一般情况下是直接运行在Internet 或 Intranet 上，所以必须考虑其在低带宽下运行的流畅性，常用的解决方法是采用"流方式传输"。

综上所述，多媒体网络课件的主要特点是：体积小，传输速度快，功能强大；既可助教又可助学；信息量大，资源共享；实时交互性强，信息反馈快；高度模块化，灵活性强；可扩展性、移植性强；有网络监控和传播功能。

（一）制作多媒体课件的基本要求

由于多媒体课件是面向教学过程的，具有教育性的特征，所以在制作时应该达到以下几点基本要求。

1. 正确表达教学内容

在多媒体课件中，教学内容是用多媒体信息来表达的。各种媒体信息都必须是为了表现某一个知识点的内容，为达到某一层次的教学目标而设计、选择的。各个知识点之间应建立一定的联系，以形成具有学科特色的知识结构体系。

2. 反映教学过程和教学策略

在多媒体课件中，通过对多媒体信息的选择与组织、系统结构、教学程序、学习导航、问题设置、诊断评价等方式来反映教学过程和教学策略。一般在多媒体课件中，大都包含有知识讲解、举例说明、媒体演示、提问诊断、反馈评价等基本内容。

3. 具有友好的人机交互界面

交互界面是学习者和计算机进行信息交换的通道，学习者就是通过交互界面进行人机交互的。多媒体课件中的交互界面多种多样，最主要的有菜单、图标、按钮、窗口、热键等。

4. 具有诊断评价、反馈强化功能

由于计算机具有判断、识别和思维能力，所以我们利用计算机这些特点，在多媒体课件中通常要设置一些问题作为形成性练习，供学习者思考和练习。这样可以及时了解学习者的学习情况，并做出相应的评价，使学习者加深对所学知识的理解。

（二）多媒体课件的制作流程

多媒体课件是一种教学系统。它和通常的教学系统——课堂教学系统的根本目的是一致的，不同的只是所采用的形态不同。如何确定多媒体课件的教学目标、教学内容、教学策略、分析学习者特征、选择合适的媒体信息，实现教学过程的控制及实现诊断评价都是多媒体课件开发中教学设计环节需要解决的问题，教学设计是多媒体课件成功的关键。其制作流程具体包括：

1. 选题

选择开发多媒体课件的课题是整个课件开发的第一步，确定一个好的课题是至关重要的。选题的原则：一是价值性，课题应选择较为重要的内容或急需的内容，以及较为抽象的重点和难点；二是主题单一性，课题内容尽量集中，涉及面不要太宽；三是课题表现性，在选题上应选择用常规方法难以表现而又适合计算机多媒体表现的课题。例如一些微观、图片多、动画多、具有形象性的教材，适合计算机模拟，直观性强，教学效果好。

2. 编制原则

一个好的多媒体教学软件（课件），必须具备：一是教育性，课题内容必须符合教学大纲，其表现形式必须符合教育心理学；二是科学性，课题中涉及的科学原理、定义、概念一定要准确无误，阐述的观点、论据和涉及的素材一定要真实、准确、标准化，并符合科学逻辑；三是技术性，熟练掌握制作设备的各项技能艺术性，编制的课件应具有艺术感染力，从构图、色彩、美工设计、布光、组合等都应鲜明具有主题，从视觉和听觉上具有一定冲击力，逻辑思维应能引人入胜。

3. 可行性分析

确定课题内容时，一定要根据现有的技术情况、设备情况、资金情况来决定，没有把握完成的课题就尽量不要实施。

4. 策划

策划组建制作群：编制工作人员应由课题专业的教师和影、像、编程的专业人员组成，成立制作组，明确分工。在制作时需要各方面的技术人员、管理人员的共同协作。

5. 开发计划

首先要确定整个课件有多少任务，将整个制作过程的进度排出计划，严格按计划表实施。

6. 编写脚本

课题选定后，必须先写出文字脚本。所谓文字脚本简单理解就是将画面与解说词对应地写出来。即把程序要完成的事情，用文字表达出来。脚本细致地描述了每一个模块的实现过程。这是开发课件的依据。脚本要清晰易懂，且要指明程序中的重点和要点。

7. 编写方框图

为了编程能顺利进行，还需编写编程方框图。根据文字脚本将每个页面所包含的影像、图片、动画、文本、解说、音乐、热区、事件、文字按钮、图片按钮、动画按钮、子页面的设定，以及编程思路、页面链接一页一页地用几何图形表达出来。

8. 模板编程

当以上几个方面都完成后，即可进行各项工作。最好先进行模板编程。也就是说，先根据文字脚本和编程方框图设计出各个页面。屏幕美工的设计在保持科学性的前提下，尽量提高艺术的整体性和同一性。还需考虑课件在完成后使用的载体，如多媒体课件主要用于多媒体投影机，整体创意在基调上最好采用明快、鲜艳、较高反差的方法。因为多媒体投影机的使用环境很难做到全黑，使用上述方法能得到较好的效果。当然，多媒体课件若用于远程教育在网上使用，那就另当别论了。页面在设计时要不落俗套，要敢于创新，给人一种耳目一新的感觉。同样页面的直观、容易理解、容易操作仍然是多媒体课件实用性的一项重要指标。页面的编号与各种按钮和热区标识应尽量统一。

9. 链接试运行

在模板编程完成后，即可进行链接试运行。尽管还未制作完各种素材，但可先使用一些现成的素材进行试运行。一切正常后，再去制作各种素材，这样可以避免许多重复劳动。因为在编程时不会因为你的素材影响你的整体创意思维，反而还会根据整体创意思维指导以后素材的制作和各个构图的创意。在添加页面时，要经常进行测试，及时发现错误，避免发生返工的现象。

10. 收集、制作、处理素材

这部分内容是重点，先介绍一下多媒体课件制作的相关软件、硬件。硬件：一台或多台多媒体计算机，配置有较好的声卡（配音用）、显卡、视频采集卡或压缩卡（采集影像）、刻录光驱等。外设有摄像机、数码相机、扫描仪、话筒、MID 键盘、网络等。

软件：Windows 操作系统，图形图像的处理可使用 Photoshop8.0、我行我素等。音、视频处理可使用 Premiere6、EO Video、Real Producer Plus、绘声绘影、Fireworks、Wave CN 等。动画处理使用 3D Studio Max、Flash 及 Gif Animator 等。

11. 系统合成

素材制作处理完毕后，将做好的素材一一安装到已经调试好的程序中。对整个程序的创意思维和具体的构图创意进行最后的完善。对整个程序从头至尾地、每一个界面、每一个功能进行全面"扫描"，以完成系统合成。

12. 软件测试

最后阶段是对已经完成的程序进行检测，找出其中的错误和各种不稳定因素，并对其进行修改，对程序检测完成，确定没有错误后，课件制作基本上就完成了。

13. 制作图标

任何一个软件都有自己的执行文件，以便打开程序。可根据自己制作的软件特点设计有个性的图标。制作图标的程序较多，如 AX Icons、Icon Cool 等。

14. 优化打包

刻盘或网上发布打包，是指将制作出的课件输出成 32 位的应用程序，可脱离制作平台而独立运行。程序在正式打包之前要进行优化。程序打包之前，要做好源程序的备份和其他的一切准备工作。在发行到光盘上时，要注意将所需要的外部文件都拷贝到光盘上。刻制成原始光盘之后，还要再进行一次测试，防止因为发行到光盘后，发生了某些变化而使得程序不能够运行。或者是因为文件配置不合理，而导致程序运行速度过慢。然后，要对光盘上的文件组织结构进行优化。如果文件结构非常松散，就会导致程序运行速度变慢。最后是将打包后的内容刻录到光盘上去或网上发布，课件的制作工作就完成了。

六、精品课程建设

教育部发布《关于启动高等学校教学质量与教学改革工程精品课程建设工作的通知》之后，各省市教育行政主管部门也相继下发了通知，提出了建设精品课程的规划和措施，响应上级号召，各高校更应该迅速行动起来，启动建设本校的精品课程。

那么，精品课程建设的建设原则是什么？如何建设精品课程？一般认为精品课程应有以下几个建设原则。

第一，课程体系要符合科学的发展规律和教育的认识规律，并有创新。

第二，课程要有坚实的学术研究基础，是教与学切磋相长的荟萃。

第三，课程要在理论与实践、基础与新知、知识与技能等方面有合理的布局和设计。

第四，课程要在理论体系的高度顾及先行和后继课程的相关内容，有铺垫，有延伸。

第五，课程要具有鲜明的时代气息，既有回顾，又有前瞻；既有反思，又有创新。

第六，课程要融知识传授、能力培养、素质教育于一体，通过教学相长，启发学生探索求知的热情，培养他们奋发向上的精神和自强不息的品格，达到深远的"效果"和宽广的"辐射"。

精品课程的建设，对提高教学质量、带动其他课程教学水平的提高有着巨大的推动作用。所以，精品课程建设应从以下几个方面着手。

（一）确立正确的指导思想

精品课程建设的指导思想，是通过建设精品课程，推进各学科课程的整体建设，促进采取与课程相适应的教学理念、教学方式与教学手段，从而激发学生自主学习的积极性；按照全新的教育理念，确定培养方案，并在这一思想指导下，确定精品课程建设的具体目标，落实教学理念，构建精品课程的整体构架，建立相应的管理机制。

（二）明确建设的目标

精品课程的建设目标，就是要建设一批能够体现新的教育理念的高水平、高质量的示范性课程。具体而言，这批课程要能够成为学校课程建设的"龙头"。通过这些课程的建设，树立人才培养的理念，建成一批辐射性强、影响力大的课程，然后大范围推进课程建设，提升整体教学水平，营造以人才培养为己任的教学氛围，通过精品课程教学队伍的建设，促进教学中坚力量的形成。

（三）落实教学理念

如果没有教学理念的变革，课程建设就不可能发生实质性变化。所谓教学理念，就是要以素质教育为主，强调基本素质、基本知识、基本能力、基本技能并重；要通过精品课程的建设和教学，使学生提高基本素质、夯实基本知识、培养基本能力、提高基本技能。在具体做法上，各个学科课程可以根据自己的特点，将教学理念落实在课程教学中，即采用与教学理念相适应的教材形式、授课方式、讨论形式、作业类型、实践训练和考核方式等，建立"以学生为主体、以教师为指导"的基于探索和研究的教学模式，挖掘每个学生的潜能，发挥他们的特长，鼓励并引导他们的好奇心、求知欲、想象力、创新欲望和探索精神。

（四）建立相应的管理机制

精品课程建设是一项系统工程，其中涉及大量管理问题。需要相应建立起一套有效的精品课程建设管理机制。

精品课程建设需要加强监督、检查和指导。学校与项目负责人要签订协议，明确课程建设的具体要求，并据此进行检查和督促；此外，还要组织教学督导组成员对项目、授课及教材使用进行跟踪；定期召开"精品课程建设研讨会"和"中期考核"，通过不断验收和检查来保证课程质量。

第二节　精品课程录播教室的建设

随着改革开放和经济的快速发展，国家对学校的基础建设投入了大量的人力、物力、财力，学校信息化得到了迅猛发展。然而目前很多校园网通常只支持一些简单的网络查询和点播功能，校园网的资源库也非常有限。校园网的价值如何体现成为许多院校领导关注的焦点。同时社会的发展对高级人才的需求日益迫切，这种需求给中国的高等教育的发展提出了更高的要求。如何才能充分利用学校最有价值的资源来培养出适应时代需要的复合型人才呢？对学校而言，教师面授过程是学校教学资源中最有价值的，是创造性的，是知识传授过程中最生动、最快捷、最有效的方式。然而优秀的教师资源毕竟是有限的，相对于教育发展的广泛需求而言，资源紧缺的程度显而易见，而我们大投入下建设起来的校园网上却很少有或者几乎没有学校最有价值的资源。

与此同时，教育部明确提出了用 5 年的时间，在全国高校中建设 1500 门精品课程的建设计划。同时提出了课程建设的内容要求，并明确要求内容中要包含不低于 30% 的教学现场录像资料。

为了完成这些任务，高校应该计划建设一个多媒体教室，希望在该多媒体教室进行的教学活动能现场录制，并能够在其他教室接收正在直播的教室的场景：包含教师的视音频、学生的视音频及教师计算机屏幕上的课件和所有操作。同时，需要将现场教学场景进行录制，并上传到资源服务器以供传播。

一、精品课程录播教室的基本要求

为了满足高校的精品课程建设的需求，精品课程录播教室建议采用精品课程录播与资源管理系统，该系统充分考虑国内外众多高校、教育机构和培训机构对多媒体教室课件录播的需求，能够很好地完成多媒体课件录播的要求。本系统涉及两个产品：智能录播系统和课件资源管理系统。

精品课程录播教室总体设计思想是改造学校现有多媒体教室硬件设备并通过该系统便捷地完成以上任务。这套方案的特点是：经济效益高，操作简单，易于扩展和实施，系统稳定可靠。

整个精品课程录播教室系统应达到以下具体要求。

首先，实现教室的实时录制，支持各种类型的多媒体课件的录制，并支持实时授课的直播。其次，建设视频课件录制、编辑、管理和点播系统，与远程授课同步录制对应视频课程，经编辑、整理后存放到教学资源中心，向学生提供视频点播服务。

本项目应考虑将来建设发展的需要，要有一定的灵活性和扩展能力，以便同步将来高清设备的扩展。

本着先进、可靠的原则，选择软件产品和硬件设备，力求做到成本低、效益高、技术先进。配套设备的性能和技术要求应协调一致，所用软件产品和硬件设备应符合国家标准和行业规范。考虑降低成本的同时，还要考虑建设和技术的发展，要有一定的灵活性和扩展能力，在相当长的时间内保持设备、系统具有一定的先进性。

二、精品课程录播教室的建设内容

（一）多媒体教室

多媒体教室是课堂教学的现场，我们将布置多个音视频采集设备分别采集教师和学生的教学场景，多媒体录播教室可以实现独立的教学过程的实况录制和直播，也可以通过网络采集教师笔记本的 VGA 信号，完成多媒体课件的录播，多媒体录播教室需要实现以下功能。

视频采集部分：由 2～4 台摄像机和云台组成，用以拍摄教师活动和教室学生的场景。

声音采集部分：用于采集教师主播和现场声音，如学生的提问和回答等。

全自动录制：必须能实现教师自动跟踪和学生定位跟踪功能，教师自动跟踪系统要实现全教室的跟踪，学生定位跟踪系统要实现特写功能。

控制部分：可以实现对各路视音频的调节和监控，并可选择输出，包括调音台、云台控制器、摄像机镜头控制器、监视器、视频切换器等。

录播便携机：录播便携机既要负责教案的播放和教学素材的演示，又要采集音视频信号及教师屏幕。允许授课教师自带笔记本，通过便携式移动录播机进行多媒体课件的录制和直播。录播便携机配置一块 VGA 采集卡用于采集教师主机或外带笔记本的桌面内容，并配置一块 4 路的音视频采集卡，实现同时 4 路教师和学生视频信号的采集。

（二）中心服务器机房

为了支持大用户量并发进行网络教学，我们建议在学校中心控制室配置一台服务器，用于教学的资源的管理和实时直播，主要负责用户管理、课程管理，并为学生提供非实时在线点播服务。另外，系统需要配置大容量硬盘，存放录制好的多媒体课件。

三、智能录播系统的建设

（一）系统概述

智能录播系统是一套多媒体教学系统，主要包括直播、录制、监视等功能。该系统采用先进的多媒体技术，完全适应各种方式的远程教学、培训。系列软件适用于各种类型的网络。

该系统可以利用普通的 PC 机、视频采集设备和麦克风实现多媒体教室的独立课程的录制与直播功能，也能够通过便携式录播一体机，配合 VGA 采集卡、多路音视频采集卡实现更为灵活的多媒体课件录播功能。采用该系统用户无须投入高昂的成本，就能够实现高质量、高可靠性的音视频，教师屏幕等多媒体协同录播功能，有效节约时间和经费。

系统支持多种样式的课件录制方式，选用不同的导播策略可以对不同的教学场景进行优化，充分表现教学的情景，为学员提供多种样式的课件表现方式，增强学员的学习积极性。生成的课件既完整地保留了课堂教学的情景便于后期剪辑，又以最佳的导播效果表现课堂教学的情景，再现教学的真实情景与教学氛围，使学生身临其境。

系统采用微软 WMV 格式保存教学的情景，并支持单画面合成模式和多视频流导播模式，如果采用单画面模式可以将教师的屏幕、视频和学生视频合成在一个视频文件中，录制过程中可以通过策略改变布局，客户端无须安装任何插件即可通过各种播放器播放；而采用多视频流导播模式将多个视频流独立保存在文件中，录制和播放时都可以改变播放布局，以最佳的表现方式展现给学生。

（二）系统主要功能

1. 课堂教学实时直播

系统支持在课件录制的同时进行实时直播，客户端能够完整再现课堂教学情景，接收点的数量仅受到网络带宽和服务器性能的限制。

2. 教师和学生视频的自动跟踪

系统支持实现教师自动跟踪和学生定位跟踪功能，教师自动跟踪系统要实现全教室的跟踪，学生定位跟踪系统可实现特写功能。通过摄像头的智能跟踪，录播系统能够在教师和工作人员无须干预的情况下自动定位和跟踪，实现自动录播的功能。

3. 教师屏幕实时采集

系统支持多种方式采集教师的计算机桌面，为教师的讲稿录制提供灵活的采集方式。

本机录屏模式：教师将教学讲稿复制到录播机，并直接通过录播机进行教学，系统能够将计算机屏幕内容，包括鼠标运动轨迹、电子白板内容等完全录制下来，并只需要占用很少 CPU 资源，不影响其他程序的运行。

软件录屏模式：在教室主机（教师机）安装控制软件（插件），教室主机与控制室的录制机通过网络连接进行录制。

VGA 卡录屏模式：通过 VGA 卡直接录制教师计算机的屏幕操作，该方式无须在教师计算机上安装任何软件即可进行录制。系统选配了高效的自适应 VGA 采集卡，能够支持最大 1600×1200 的 VGA 视频采集，能通过原始比例（如 1280×800、1440×900）收集各种宽屏笔记本的信号。

4. 支持多种录制格式

系统支持多种录播模式，满足学校对多媒体课件录制的各种要求，系统支持多分屏Web课件、单画面视频课件和多分屏智能多画面课件三种录制格式。

多分屏Web课件：该模式课件采用支持传统的Web课件表现模式，通过录制成多个标准视频文件，并可以选择各种播放模板进行同步播放。

单画面视频课件：该模式课件采用高分辨率的标准WMV视频格式保存教学情景，通过各种布局策略表现多个视频和屏幕的内容。

智能多画面课件：该格式采用独立流方式保存教师讲稿、教师和学生视音频内容，同时将课堂教学过程中的播放动作也记录到课件中。该课件格式既完整地保留了课堂教学的情景便于后期剪辑，又以最佳的导播效果表现课堂教学的情景，课件的表现方式支持视频特写、画中画、分屏等多种模式。该模式课件完整地保留了课件的原始内容，通过一个文件进行保存，既能够提供非常灵活的播放方式，又便于管理。

5. 支持软件导播

系统支持将各种视频采集设备（包括视频采集卡、1394/DV设备、VGA采集卡和各种USB摄像头）作为视频采集源，并实时对多个视频进行视频剪辑和合成操作，定义版权标识、字幕和各种透明背景图片。

系统支持教师视频在蓝色或绿色背景幕布与教师讲稿进行实时合成，教师可以自动在讲稿上进行授课，实现虚拟演播室的功能。

6. 课件支持生成高清视频格式

智能单画面课件支持生成4∶3和16∶9两种比例的视频格式，能够生成符合计算机播放的1024×768格式的视频，也能够生成符合高清电视播放的720P格式的视频，生成的720P高清视频格式可以直接在高清播放机上播放。

7. 通用播放器，方便学习点播

录制好的课件可以采用通用的播放器直接播放，无须安装任何软件，发布到网站后，可以直接通过Internet Explorer浏览器点播课件。

8. 录制过程安全可靠

为防止在录制过程中出现各种意外情况，避免出现返工的情况，系统录制过程采取边录制边保存的方式，当出现断电和断网的情况也不会丢失多媒体课件数据。

（三）系统特点介绍

支持分布式Web管理和发布，用户可以轻松通过Web页面进行管理；录播系统与资源管理系统使用统一的管理平台，统一的身份认证；适应各种网络环境，支持防火墙和NAT，无须更改网络配置，就可以将系统部署到现有的网络环境中；录制课件各种教学因素，如视频、音频、动态屏幕和活动鼠标等的同步时差小于0.3秒，教学情景的再现效果好；支持直播和录制分别采用不同的质量进行编码，以适应高质量的录制和低质量的直播同时进行；支持多路 VFW/WDM 视频采集：兼用市场主流的视频捕获卡、电视卡、USB 摄像头等视频输入设备；支持多路 1394/DV 视频采集，支持市场上主流的数码摄像机的输入设备，能够采集高清晰的数字图像；支持采集屏幕内播放的视频内容：能够捕获当前屏幕内播放的视频画面的采集，并能够捕获多个视频画面；支持 VGA 采集卡采集教师自带笔记本的桌面，最大支持 1600×1200 原始信号的采集，并支持各种宽屏笔记本原始分辨率的采集，如 1280×800、1440×900 等分辨率；支持同时 4 路视频（720×576）视频和 1 路 VGA（1024×768）的同时采集，画面平滑无拉丝现象；支持 Web 嵌入，可在 Web 页面中播放文件和接收直播，界面简洁大方，能够满足个性化的界面需要，操作简洁，功能齐全。

四、资源管理系统

资源管理系统采用先进的 ASP.NET 及 VC++ 技术开发，B/S 架构，安装方便、易于部署。在本项目中采用此软件，作为一个项目系统的门户，流媒体文件的存储与点播。用户可以登录本平台进行相关的功能操作。

系统可以管理智能录播系统录制形成的课件及各种其他资源媒体。允许通过在线点播回放授课系统录制下来的整个授课过程，并配以辅助的用户管理、权限管理、目录管理、日志管理、检索等强大的功能，让设有权限的人随时随地查阅已有的授课情景及其他资料。

资源管理系统不仅可以点播实时授课录制的课件，也可以点播基于 HTTP 的媒体，例如 Word 文档，Power Point 演示稿等教学资源。支持点播基于微软媒体服务器和 Real 服务器的流式媒体。

（一）系统功能和特点

1.服务器支持多个磁盘存储扩展

资源存储扩充方式，不再受到单个磁盘分区的大小限制。在系统使用过程中，用户可以动态扩展磁盘设备，满足课件资源的不断增加。

2.Windows、Real 媒体等其他通用媒体的流式点播

完全采用自主研发的流式媒体服务器，同时也支持与 Windows Media Server 和 Real Server 的集成，节省再次部署的费用。

3.Word、Power Point 等文档的点播

这些文档类型的媒体点播不同于流式媒体的点播，它是采用智能选择客户端播放方式来确定采用何种软件打开。

支持网页类型，包括其多种资源的课件上传和点播 Web 课件基本上是由众多的图片、样式、HTML 网页等元素组成，存放在一个目录中，在该目录下还有可能区分很多专属子文件夹来分门别类地存放图片、样式等文件。在我们管理系统只需指定一个目录，就

可以将包括子目录在内的所有文件一起上传到服务器中。

4. 网络线路智能判断

如果系统定制了多种网络线路，那么在点播时，系统根据设定的网络线路 IP 地址表智能判断用户的线路，将首选的点播地址放在点播列表的前面。

5. 基本用户管理

可以新建用户，更新用户属性，删除选择的用户。通过关键字和用户状态的组合查询，更快定位到需要操作的用户。

6. 限制登录

通过会话数限制同一个用户名同一时刻使用的次数。通过多种方式限定用户登录的 IP 地址，包括单一地址、一组地址、地址范围等。

7. 私有空间

可以为用户设置是否拥有私有空间，分配私有空间的大小，是否需要共享审核。用户可以在自己的私有空间中自由创建节目，也可以共享自己的节目到点播系统，如果设置了共享审核，那么只有被管理员审核通过的才可以出现在点播系统中。

8. 公告管理

管理员可以自由发布系统公告，系统公告可以设定开始日期和结束日期，如果设置了开始日期，公告只有到了指定日期才会显示，如果设置了结束日期，公告到指定的日期就不会再显示了。还可以通过推荐选项将公告发布到门户的公告栏中。

同时普通用户在首页上可以看到最新公告的列表，以及所有有效公告的列表。管理员可以通过公告管理发布一些通知、公告等信息。

9. 首页管理

通过首页管理，调整热点推荐和分类排行等信息。热点推荐中最多可以推荐 4 个节目。分类排行最多可以支持 10 个分类，如果不选择，则自动获得第一层目录作为分类。

10. 搜索

无论是普通用户还是管理用户都提供了搜索功能。这些搜索能够快速简单地让您找到相关内容，也提供相关的高级内容。

11. 评论和收藏

可以对每个点播节目进行评论。可以整体查看某个节目的所有评论列表，可以对每个评论主题进行回复跟帖，普通用户可以编辑自己已经发表的评论，管理员可以删除评论。

普通用户可以收藏自己喜欢的点播节目，并对其进行管理。将自己喜欢的节目收藏起来，再次点播时就不需要一层层目录操作或输入关键字搜索了。只要登录就可以看到收藏夹，进入收藏夹就可以看到你的收藏。

12. 门户

系统首页提供有网站公告、最新点播、工具下载、热点推荐栏目，以及各种各样的点播排行（包括总排行、月排行、周排行）。这些信息的提供使得整个系统内容更丰富，更趋向于点播门户。

13. 统一权限设置

方便灵活、全面有效的多项管理权限分配，可以让更多的管理员来分担过重的管理事务。节目点播权限分配更为灵活多变，既可以使用简单的权限，也可以定义十分独特的权限模式。点播根据目录结构可以自动继承父系的权限，又可以单独设置权限。

五、教师锁定跟踪系统

锁定跟踪系统是集光、机、电、图像、声音于一体的智能化产品。由目标跟踪球形摄像机、无线麦克风、无线音频接收机、固定式传感器组成。

目标跟踪球形摄像机能够自动跟踪特定目标，跟踪过程不受外界干扰，采用先进的位置传感和伺服控制技术，摄像机云台运动非常平稳，不会出现剧烈晃动，能够将目标牢牢锁定在图像的中央。无线麦克风采用双重抗干扰电路和专业级拾音头，信噪比大于80dB，高质真实，完全满足现场录音和扩音需要。被跟踪的目标除佩戴无线麦克风外，无须佩戴任何传感器，使用非常方便。

（一）系统功能特性

自动锁定跟踪目标，跟踪过程不受其他运动目标和环境光源影响；跟踪过程非常平稳，视频无明显晃动；摄像机具有背光补偿功能，在强光背景环境中可以看清整个画面；采用 R&amp—485 总线控制，兼容多种控制协议，波特率可调；专业级无线语音传输，保真度出色；采用人性设计，无须佩戴特殊传感器，使用非常方便；多种安装方式可根据不同环境进行选择。

（二）系统组成

目标跟踪球形摄像机：可以自动搜索视场内的运动目标，自动锁定目标进行跟踪，得到目标的清晰视频图像。

固定式传感器：固定式传感器作为辅助感应设备，用于在目标背对摄像机时传感其所在位置，如教师面向黑板写板书等，便于摄像机进行准确的目标锁定跟踪。

无线麦克风：无线麦克风用于发送语音及在目标面向摄像机时传感所在位置，如教师面向学生讲课等，便于摄像机进行准确的目标锁定跟踪。

无线音频接收机：无线音频接收机用于接收麦克风的语音信号，并可控制麦克风的音量。

第三节 多媒体综合教室的建设

一、多媒体综合教室的建设需求

（一）用户需求

多媒体教室建设需求不断发展，出现许多新特点，催生出新一代的多媒体教室专用设备。

集控功能要求越来越高；多媒体教室的核心应用是高档 PC 机；数字视音频直播功能、数字监控功能、IP 电话功能、VOD、AOD、COD 等多媒体教学功能成为常规需求；主讲—听课模式的多教室联网授课形成新的主流应用；设备多样化和功能复杂化催生一体化设备；贵重设备增多，安防报警功能新需求。

多媒体网络中控是衍生于新一代的多媒体教室建设需求的高度集成化、一体化设备。多媒体网络中控为多媒体教室建设提供了全面、完整的功能模块，如"网络中控模块""数字视音频直播模块""多媒体教学模块""数字化监控模块""安防报警模块"等。多媒体网络中控可通过增加本地硬盘实现 PC 功能或通过增加网络操作系统分发软件实现 NC 功能，替代或作为教师机的备份，完美解决多媒体教室最核心的功能——教学应用。依托校园网，将多个多媒体教室组网，形成一个完整的"网络多媒体教室系统"。可实现设备集中管理、控制和诸多联网应用功能，极大提升了系统整体功能和效益。

（二）物理建设需求

1. 教室的建设

网络中的任何一个多媒体教室都可以成为主讲教室。主讲教室可以实现教学信息广播功能。主讲多媒体教室的教学 AV 信号通过中央控制室的调整能实时传送给其他多媒体教室，实现视频点播、智能组播。主讲多媒体教室的教学 AV 信号可通过实时压缩、存储于视音频点播服务器，以供课件制作和教学资源。实现每个主讲教室的计算机、视频、音频信号和教师的讲课声音和图像能同时传播到每个听课教室，保证在网络出现故障时还能继续上课。

2. 控制室的建设

建设一个中央总控制室，用作多媒体教室的统一控制管理，多个副控制室（管理、安防、督导等）。所有多功能教室的操作台、教学设备均可通过 IP 网络由中央控制室远端控制，同时也具备本地控制功能，必要时远程帮助教师操作多媒体教学设备。

（三）功能建设需求

1. 中央集中控制

所有多功能教室的操作台、教学设备均可通过 IP 网络由中央控制室远端控制，同时也具备本地控制功能。中央控制室可实时查看所有多媒体教室设备的情况，以便在系统出现故障时，使用者与管理控制者之间进行沟通。可对各直播教室教师的教学过程进行控制；可对各教室的多媒体教学设备进行远程控制；可对各教室的多媒体讲台进行远程开关；可对所有输入的音视频信号进行实时模拟和数字处理，满足广播 / 直播的需要；可对各种多媒体信号进行存储和后期制作；日常的管理和设备维护；可与各教室对话，必要时可进行远端教学支持；可向各教室进行多媒体教学广播，远程教学系统分路显示、集中管理、任意切换，远程教室之间可以进行双向视频传输。

2. 开放式的多媒体教室的建设

教室内装配全钢结构的电子讲台、防尘防盗投影机吊箱，使教室的各种设备得到保护，防止设备被盗或人为破坏。同时设备的使用方便，多媒体网络中控作为中央控制设备的操作极其简单，实现了"开门即用，关门即走"，设备顺序通断电，避免了破坏电流对设备电源系统造成的损坏。操作人员只需将电子讲台的盖门打开，控制系统能自动按照系统开启步骤自动将投影机打开、电动屏幕降下等操作，教师可直接进行教学；下课时，教师不再担心操作失误从而损坏设备，只需关上电子讲台盖门后即可离开教室，也不用因需要等待投影机冷却散热而耽误时间，这一切均由网络中控系统自动完成。

3. 视频直播

在中央控制室调度下，通过授权实现主讲多媒体教室与其他多媒体教室教学实况的广播 / 组播，完成教学串讲。在保证教学质量的前提下有效扩大教学规模，实现教学资源共享。同时通过中央控制室的授权可以把视频 / 电视、音频信号，经过编码器数字化以后，直播到任何教室的多媒体网络中控。可以规定不同组的多媒体网络中控分别接收不同的直播内容，或者部分接收直播，另外的部分不接收，并实现定向、定时自动播放，从而灵活实现智能视频直播功能。

4. 教学资源的存储、点播功能

实现对主讲（直播）教室的视音频信号进行实时采集和压缩处理，并形成可供网络传输的流媒体数据进行存储和直播。

5. 控制室与教室之间的通信功能

系统通过 IP 电话系统实现中央控制室与多媒体教室、多媒体教室与多媒体教室之间的实时对讲，以方便维护和管理。

二、多媒体硬件建设

多媒体教学现已是现代教学中不可缺少的一种教学方法，多媒体教学模式是以计算机技术为核心的教学模式，其最大特点是能用课件在计算机上展示立体的空间形体，以直观的形式表现出来，激发形象思维，取得良好的教学效果。因此，各地高校都投入了大量资金来建设多媒体教室。由于对多媒体系统配置认识的不足和经销商的片面推销，使多媒体系统配置一味地追求时尚、高档，造成大量资源浪费。针对多媒体使用情况，本着经济、适用原则，应设计出适用型多媒体系统硬件配置方案。

多媒体系统的硬件组成有高、中、低档各种不同配置。比较完美的配置应具有完备的输入输出设备（摄录像机、彩电图像扫描仪、彩色视频拷贝机、彩色打印机等）、展台、多媒体卡、大容量外存储设备和高速、大容量内存的计算机。这样组成的系统肯定是功能齐全，但这样的配置价格也非常高昂，在各个不同地区，要求各高校拿出大量资金搞一流的多媒体技术应用是不现实的。针对高校的实际情况，应该选用投入少、效益大、绩效高的多媒体硬件配置。

根据多媒体教室硬件的使用频率来看，在日常教学当中，常用功能基本包括播放课件、光盘播放、网络连接、软件操作教学等，而其他功能很少用或根本用不到，使很多硬件资源白白浪费，成为一种摆设。在保证多媒体设备正常使用的前提下，使设备投资少，操作简单，设备维护方便，对于经济条件一般的高校，采用以下的多媒体教室配置，实际使用效果很好。

投影机的选择，现在投影机的功能相差无几，但它们有一个共同要求，就是在工作完毕后，关闭投影灯后，要求延迟 2 ~ 3 分钟关闭电源，以降低机内高温，保护投影机。然而在很多情况下，教师不太注意这一步骤，讲完课即关闭所有电源，这对投影机的使用寿命很不利。所以选择投影仪时，选用有自动延迟保护功能的，即在正常工作时，电源对一电路充电，在电源关闭后，这一充电电路能向机内风扇提供一个临时电源，使风扇继续工作 1 ~ 3 分钟，达到保护作用，比如爱普生 830 型机。

三、多媒体中央控制系统的建设

随着多媒体电化教学、网络教学、远程教学等已在全国各地悄然兴起，各式各样的先进设备操作越来越复杂，用户在使用时感到相当不便。多媒体中央控制系统利用计算机及微电脑技术对多媒体教室、会议室、多功能厅等功能教室中的各种设备进行集中控制、管理，以简单明了的按键方式提供给用户使用，将复杂的控制转化为简单的按键操作，真正实现"所见即所控"。

随着校园网络和多媒体教室的快速普及，多媒体网络教学系统正日益成为现代化校园的基础设施，它将综合集成传输包括教室、办公室、会议室等的语音、图像信号，对电脑设备、影音设备、演播设备、监控设备、环境设备进行集中及远程控制。

具有多媒体中央控制系统的电教室或报告厅不仅仅是一个智能化的电教室，多个电教室更可组成一个网络控制的教学系统。系统主要由多媒体教室、中央控制室等组成。

（一）系统结构

多媒体中央控制系统分为本地采用桌面控制器、遥控器、键盘鼠标等操作设备及多媒体网络中控，本地教师通过控制所有控制设备从而控制多媒体网络中控内置的中央控制器，最终实现对连接在其上面的多媒体设备的控制——本地控制以及远程基于校园网实现的网管人员，通过操作网管软件实现的对教室端多媒体教室内置的中央控制器，从而实现对中央控制器外联多媒体设备的控制——远程控制，最终实现对所有多媒体教室的集中控制、远程状态监测、远程协助、远程接管等管理功能。

多媒体中央控制系统由中央控制主机（多媒体网络中控）、控制面板、遥控发射模块等组成。各部分之间用通信电缆相连，构成一个控制系统。其中鼠标/键盘、控制面板和遥控发射模块是本地指令发送中心，中央控制主机则是指令接收和执行机构。教师通过操作鼠标/键盘、桌面控制器、遥控器控制中央控制器（多媒体网络中控）从而实现对连接于其上的多媒体外设的控制，真正实现"所见即所控"。

采用最先进的网络技术，配合控制室端管理平台，运用 TCP/IP 协议实现网络控制。该方法采用广泛成熟的互联网，从而使系统控制实现与网络的紧密连接，实现了系统控制的灵活性和多样性。

网管平台是网络控制指令的发起者，网管平台发出的指令封装成标准 TCP/IP 协议包，通过校园网传送到相应控制节点（教室端的中央控制器），从而控制连接到中央控制器的多媒体外设。系统基于校园网，没有位置的概念，只要连上校园网后即可实现控制。控制节点收到 TCP/IP 协议控制的指令后，中央控制器执行相关的指令控制相应的设备完成控制。通过该控制软件可实现远程 B 开关/唤醒多媒体网络中控、远程控制投影机和影音设备等。通过网络管理平台真正实现"远在千里，控在指间"。

（二）系统建设

根据高校的实际应用需求，结合实践经验，为高校提供了一套贯穿整个多媒体教室教学全过程的软件平台。这其中包括"网络操作系统分发平台""系统网管平台""资源点播服务软件平台""数字监控平台""双视频流（示范教学软件平台）""远程教学/发布软件平台"。这些软件分别安装在不同的物理位置，分别为不同的应用目的完成不同的功能，同时它们又是互相联系、相辅相成、共同组合起来，紧紧围绕教学工作这个主要目标，实现计算网络教学应用。各个软件平台通过计算机网络物理连接到一起，并通过 TCP/IP 通信协议、标准格式的多媒体流及相互之间的控制信息，形成一个有机的整体。

1. 控制室主要设备——网管平台

网络管理平台是系统的控制和管理中心，用来维护所有的教室终端设备——多媒体网络中控，对终端设备进行各种相关的设置，如 IP 地址、网关、监控码率、地址端口等。同时，通过网管平台，网络管理员能够监测任一个终端的状态，启动或停止对某个指定课室的监控，集中管理指定课室的电源开关、电视、音箱、灯光、投影、窗帘、幕布，控制主控室的编码器、数字解码器、视音频矩阵、节目源控制器，对班级进行授权，分组对班级进行实时视音频或文件的直播，以多画面的方式监控各个课室，等等。应该说，网络中控的核心就体现在这里。

此外，对直播的控制、操作的授权，以及定时直播、开关机、电子打铃等是在网管工作站上实现的。

总而言之，系统网管软件主要实现以下的管理：对于虚拟扇区服务的管理；对于教室端设备的管理；对于班级权限的管理；对于主控室端设备的管理；以及定时直播、电子打铃等针对教学的个性化功能。

网管工作站包含以下一组管理软件：VSA 管理软件，用于配置和管理 VSS 服务器的虚拟扇区服务；终端状态监测软件，用于监测各个终端的状态，远程控制器开机、关机、复位、控制教室的投影机、电视机等设备、设置监控参数、配置数字视音频解码器等；主控设备控制软件，该软件用于对主控室的录像机、VCD、DVD 等设备进行控制，以及对终端用户的操作进行授权、视频音频直播等；编码器控制软件 Enc Contro Lexe，用于检测和控制视音频编码器。

2. 多媒体教室主要设备——多媒体网络中控器

多媒体网络中控是一款面向数字化、网络化多媒体教学应用，集网络中控、视音频直播/点播/画中画网络教学、设备远程网络管理、PC/NC 等功能于一体多媒体教学专业设备。它不仅实现了网络对教室端教学设备的远程监控与管理维护，更实现了网络多媒体、数字多媒体及传统多媒体技术与教育教学应用的全面结合，全面实践了"效率最大化、维护开销最小化、综合性价比最优化"的产品设计理念，是现代教育条件下数字化多媒体教室建设必备的核心设备。

四、多媒体教学系统的建设

多媒体教学系统是新一代的教学系统。它集计算机多媒体教学、多媒体播控系统、计算机网络为一体，将高科技和教学、管理有机结合在一起，是提高学校教学水平、改善学校教学质量和管理的重要手段，并可大大提高学生的学习兴趣和学习效率。

多媒体教学系统是将计算机及网络技术应用到教学领域，将图像、声音、文字、动画等媒体融合起来，为学生提供丰富生动的教学素材，达到寓教于乐效果的新型教室。

目前高校的多媒体教学系统核心设备——教师机，一般采用 PC 机作为教师机，播放教师授课所应用的图像、声音、文字、动画等教学素材，辅助教师授课，从而提高教学质量。同时，教室端多媒体网络中控基于标准 PC 架构，提供扩展能力，可与主控制室网络操作系统分发软件相结合，实现网络计算机功能或通过增加本地硬盘实现本地计算机功能，作为教师机的备份或替代。

（一）系统结构

教室端的终端设备（教师机或多媒体网络中控）要实现对资源的点播，首先应保证资源的建设、资源的点播的实现，利用"我的课堂"进行多媒体教学，同时系统利用 JYD 多画面课堂实时录播系统，可实现对教室端多视频流同步合成的直播、点播、精品课件制作等功能。

1. 资源的建设

系统配置的资源点播平台包含基于 B/S 结构的资源管理平台，为教师资源的上传提供基于 B/S 结构的开放式管理平台，全面支持基于内部园区网或广域网终端对课件库资源的授权访问、浏览查询与下载导出应用。

教师可以方便地在办公室、家等，通过网络浏览器连接到资源服务器，根据其对资源库的权限，浏览公共资源库，或上传素材、建立分类、创建自己的私有资源库、给每节课的内容编制"我的课堂"，并管理其私有资源库。

2. 教室端对资源的点播

教室端对资源的点播分为两种：对主控设备资源的点播，对视音频、课件等资源文件的点播（多媒体网络中控或教师机），进行多媒体教学。

教室端对主控设备资源的点播，主控设备分为两大类：一类是视频设备，一类是音频设备。视频设备如录像机、DVD 等是通过视频编码器编码以后再传输的，音频设备如卡座、CD 机等是通过音频编码器编码以后再传输的，这个过程对用户是透明，网管在主控室设置和授权完成以后，用户只需要选择这些设备就可以进入接收状态；进入视音频直播的点播接收状态以后，只有被授权的教室工作站可以完成对这些设备的播放、暂停、停止等操作，其他未授权教室只能完成视音频流的实时接收。

教室端对资源点播服务器的视音频文件、课件资源的点播：教室端的终端——多媒体网络中控，可实现对资源服务器存储的任意格式视音频文件、课件的任意点播，由校园网传输到教室端，进行播放。

利用"我的课堂"进行教学：虽然在校园网上有大量丰富的共享资源和教学素材，但是专业教师在紧急的授课过程中，并不希望把大量的精力和时间花费在从浩如烟海的资源堆中搜索素材。如果针对每个教师和每堂课，制作"我的课堂"，设计出独特的现场操作菜单，此菜单中仅仅直接连接与本堂课相关的内容，保证教师上课时可以一键点出所需要的素材。

（二）系统建设

教学平台的服务端——资源管理平台，主要提供资源的上传、下载、存储，资源的点播服务及对资源的管理，教室端通过其核心设备——多媒体网络中控，实现多媒体教学。

采用的是 B/S 结构资源管理。B/S 结构采用星形拓扑结构，建立校园内部通信网络或利用 Internet 虚拟专网（VPN）。前者的特点是安全、快捷、准确。后者则具有无投资、跨地域的优点。学校内部通过防火墙接入 Internet。

系统符合估计源数据库标准，包含视音频、多媒体等任何格式的文件。基于 Web 方式，符合城域网技术规范，具有完全开放性与扩充性。用户可以基于 Web 方式，对网络服务器上的课件资源进行浏览、上传或下载等操作。同时支持公用资源库和私有资源库两种模式，既方便了网络共享素材资源的交流，也保证了教师课件与教案的版权。课件资源库的操作界面采用仿 Windows 浏览器的设计风格，用户无须学习即可使用。平台还提供属性查看、预览等功能，使课件资源的浏览与使用更加轻松自如。提供多种条件的检索功能，便捷迅速地资源搜索可以大大减少教师的工作量。

五、扩声系统的建设

多媒体教室是进行多媒体教学、报告等的场所；多功能厅及多媒体报告厅还要承揽重要会议、娱乐等功能。扩声系统的设计要充分考虑本身的实际使用功能，既要有自己的特色，又要符合科学规律和先进的系统设计思想，按照扩声为主、建声为辅的原则，电声系统设计要与多功能演播室建筑声学设计紧密配合，使电声与建声完美结合，保证声音能良好还原和再现，满足实际使用需要。本多功能演播室的扩声系统部分设计思想、手段和方法要具有先进性和实用性，设备要采用技术含量高、能够体现当前最新科技水平的产品，扩声系统的声学特性指标符合中华人民共和国广播电影电视部标准 GYJ25-86《厅堂扩声系统声学特性指标》预言和音乐兼容二级标准。

（一）扩声设计

为了满足会议、报告、教学等功能的需求，必须采用与传统相结合的控制系统。

扩声的目的。在大多数情况下，音响系统接收到的是微弱信号（例如与会者发言），要把信号放大了才能被观众听到，当配置音响系统时，音响工程师应对以下几个重要目的特别注意：对整个观众席声音的均匀分布，对所有座位有均匀的响度，以及减少"死区"；对整个观众区有稳定的系统频率响应和均匀的音色；提高清晰度和了解度，因此讲话和歌唱的每个词都十分清楚；创造适当的"声场"给音乐以舒适的空间，音响效果得到真实的表现。达到以上目标，要注意如下几点：

在各种厅堂规模和形状条件下，扬声器摆不能遮挡所有座位都有十分清楚的视线；

厅堂和安装结构因反射而劣化音色，过多的混响会减低或破坏清晰度，削弱可懂度。

典型的音响系统就是使用舞台左通道和舞台右通道系统的主扬声器，放置在舞台两侧的这些扬声器阵列，可以还原整个音乐频谱，同时又不影响视线。由于使用两个分开的音源，立体声就有可能实现，创造音乐的"声音舞台"就没有问题了，扬声器放在与演员同一个物理平面上，声音的定位会更加真实。

立体声依靠左右扬声器之间的最大重叠来实现，沿听众区中心线座位外的任何座位，每个扬声器到听众的传播路径长度是不同的，从两个扬声器阵列发出的共同信号将会发生互相抵消现象，这是因为声音最终到达人耳的时间不同所致。

传统左右通道系统的两个扬声器通常都是按全频带扩声而设计的，对于人声扩声来说，特别的低音重放是没有必要的。

（二）扩声设备的组成

声源设备——指拾音设备、影音信号播放设备（如拾音话筒、CD、MD、DAT、DVD 等设备）和数字音频播放设备（如计算机及远程音频系统等）。

调控设备——指对声源设备送出的音频信号等多路的音频信号进行前级的放大和混音输出、音频信号处理的设备，如调音台、均衡器、反馈抑制器等设备。

放大设备——指对经过调控设备在混音输出、信号处理后的信号进行后级功率放大的设备，这里指专业功率放大器。

重放设备——指将经过后级功率放大器放大的音频信号进行电—声转换并释放出来，表现为人耳可懂的音频信号的设备，这里指扬声器。

（三）音箱选型及布置

为使观众厅达到良好的声学特性，既能使观众席上有足够的声压级、良好的语言清晰度，又能满足音乐的方向感、空间感、生动感的需要。这就需要音箱具有声场均匀、空间方向感强、观众的听觉与视觉一致、直达声强、清晰度好、语言的可懂度高等特点。

六、视频显示及投影系统的建设

（一）投影机的选择

屏幕投影系统设计及应用是涉及投影机性能、屏幕性能、人体工学、光学、土木建筑等多门学科的系统工程诸方面的相辅相成，最终获得良好的显示和观看效果。

首先，投影机的选择要明确所要显示信源的性质，即其行频是多少，是由显示卡输出的。根据所显示信源的性质，投影机可分为普通视频机、数字机、图形机三类。只显示全电视信号时，如卡拉OK厅播放录像带，可选择普通视频机；要显示VGA输出的信号，可用行频 60kHz 以下的数据投影机，选择数字机，为了节约资源，做到恰到好处，则可按实际的投影内容决定购买何种档次的投影机。若所放映的软件是以一般教学及文字处理为主的,则选购分辨率为 640×480（VGA）;若要求高一些,则要选择 SVGA（800×600）,如 LP260/LP340,（1024×768）,如 LP350;当显示高分辨率图形信号时,须选择行频在 60kHz 以上的数字机。

其次,要确认安装方式,投影机安装方式分为桌式正投、吊顶正投、桌式背投、吊顶背投。正投是投影机的观众在一侧,背投是投影机与观众分别在屏幕两端。如果临时使用,可选择桌式正投,这种方法受外界光影响较大,布局凌乱。如果固定使用,可选择吊顶方式。如果空间较大,土建时有统筹安排,选择背投方式整体效果最好。如果空间较小,可选择背投折射的方法。

最后,要结合显示环境,如房间大小,照明情况,如房间面积较小,可选液晶投影机。当显示环境面积较大,没有日光照射,照明灯光较暗,相对固定使用,可选择 CRT 投影机。当对环境光要求不高,显示面积较大,显示高分辨率图形信号,可选择 LCD 光阀投影机。不必显示高分辨率图形信号,而追求显示画面的均匀性和色彩的锐利性,可选择 DLP 投影机。

（二）投影幕的选择

投影幕尺寸的选择:要选择最佳的投影幕尺寸主要取决于使用空间的面积和观众座位的多少及位置的安排。首要的原则是选择适合观众的投影幕,而不是选择适合投影机的投影幕,也就是说要把观众的视觉感受放在第一位。

投影幕高度要让每一排的观众都能清楚地看到投影画面的内容。投影幕到第一排座位的距离应大于 2 倍投影幕的高度。

投影幕材质的选择:选择的投影幕面料要适合投影机及教室的尺寸。如果一张投影幕需要供给多部投影机使用时,投影幕面料就应选择适合对投影幕要求较高的那台投影机的需要。例如,当您同时拥有幻灯机和投影机时,因为投影机制光线输出量比幻灯机低,所以应选择那种反射率（增益）参数适合投影机的面料。但由于现在多数投影机的亮度都比较高,所以采用反射率（增益）比玻璃珠幕低的白塑幕反而可获得更好的投影效果。

投影幕材质的不同主要影响幕布的视角、亮度增益及根据面料不同其清洁方式不同。

增益:投影幕反射投射光的能力。在投射光角度一定,投射光通量不变的情况下,投影幕某一方向上亮度与理想状态下的亮度之比,叫作该方向上的亮度系数,把其中最大值称为投影幕的增益。通常把无光泽白墙的增益定为 1,如果投影幕增益小于 1,将削弱投射光;如果投影幕增益大于 1,将反射或折射更多的投射光。

视角:投影幕在不同方向上的反射是不同的。在水平方向,离屏幕中心越远,亮度越低;当亮度降到 50% 时的观看角度,定义为视角。在视角之内观看图像,亮度令人满意;在视角之外观看图像,亮度显得不够。

（三）实物展台的选择

在我们原来所接触的视频展示台产品中，普遍存在图像抖动、闪烁、色彩失真，并且在标准的幅面下出现图像文字模糊不清的现象。究其原因，上述产品从原理上来讲都是视频的产品，分辨率只有 470 电视线左右，对图像细节及小字的表现能力不足造成的，并不是展示台产品的聚焦问题。然而随着数字视频展示台的出现，上述问题就迎刃而解了。数字视频展示台的分辨率通常为 SVGA（800×600）、XGA（1024×768）、SXGA（1280×960），用电视线来表示通常在 600 电视线以上，XGA 分辨率的数字视频展示台在标准的 A4 幅面下可以清晰地显示 5 号字而无须放大，可以在整个幅面下展示全部内容，而不仅仅是某个局部。

七、语音室的建设

随着现代化科学技术日新月异的飞速发展，教学手段的现代化在现代教育中日益凸现出它的优势，因此建立新型教学模式、做好语音室建设、建立语言管理网络显得尤为重要。加强语音室建设是检验语言教学质量和培养高素质队伍的需要。语音室作为一个现代化的教学媒体在培养高素质学生的同时也是检验教学质量的重要环节。

为了扩展多媒体语音室的功能，使之既能用于外语及其他课程多媒体示范性教学，又能用于学生主动、操作性教学，功能更加多样性。可以在教师机和学生机上都配置多媒体卡，实现语音和图像的传播。考虑到应用的多样性和教学内容，在选购教师机和学生机时，应选择适当大一些的内存、硬盘，主板、CPU 选择主流产品，在今后几年内不会被淘汰，显示器采用低辐射的，以避免长期观看，对眼睛造成损害。声卡与光驱根据需要配置，硬盘要安装保护卡。如果仅为语音教学使用，可以采用已淘汰下来但尚能使用的计算机，为旧机器寻找一条出路。耳机和话筒应选择灵敏度高的产品，国产耳机的导线较细，容易断线，联体耳机的牢固程度不够，有的学生反方向扭动时，容易旋断，由于这两个原因，使得耳机经常出现问题。专用进口耳机价格虽高，但是导线和机械强度好，不容易出故障。

语音室的语音台设计最好参照传统的语音台，而且要考虑到机箱后面有挡板，否则机箱被学生推动，使得连线接头脱落或松动，以致阻断信号的传输，影响其他同学使用。教师应选用质量好的录音机，以保证声源质量。多媒体语音室的学生和教师计算机应连接成局域网，并能以共享方式通过专线或拨号上网，访问学校内部资源和 Internet，实现内部网络教学和远程网络教学。

语音室改变了以往的教学手段，提高了教学质量和科技含量，通过声音、图像、网络进行教学，可以适用各种媒体教学，不仅可以上语音课，还可以上计算机类操作性较强的课程，是今后发展的趋势，值得大力普及和大量应用。

八、数字监控系统的建设

数字监控系统通过控制室端的数字监控平台，实现对教室端情景的监看，实现对教室端贵重设备的远程监控。同时该系统配合双视频流软件实现主讲教室与听课教室的双向视听、真正实现听课教室的无人值守、实现远程双／多视频流听课。针对目前各个学校扩招而师资力量相对匮乏的现状，可通过这种远程听课，让更多的学生听到名师的授课，进行示范教学。该系统采用先进的 H.264 视频压缩技术，具有图像清晰、分辨率高、实时监控、同步备份、事后查询、系统稳定的特点，满足《考场电子化监控技术要求》的技术要求，可以实现本校监考教师的监考，并可通过数字硬盘录像机实现考场的硬盘录像。下面针对本子系统组成进行说明。

（一）系统结构

数字视频监控系统由教室端视频音频信号采集、控制信号采集部分，数字编码部分，传输部分，控制部分，以及显示和记录部分五大块组成。

1. 教室端视音频、控制信号采集部分

教室端视音频信号采集部分由摄像套件、拾音器组成；选择高性能的一体化彩色摄像机，完成高精度视音频信号的采集。通过拾音器／话筒和音箱或耳麦，可以实现教室与主控室之间的 IP 对讲功能，在有意外情况发生时，网管教师无须到教室，通过 IP 对讲可以实现与教室及时方便的对话。视音频输入信号、音频输入信号，云台镜头控制信号传输给 JYD 多媒体网络中控。

2. 数字编码部分

JYD 多媒体网络中控可接收来自摄像头的模拟视频信号和来自拾音器的模拟音频信号，将其数字化，利用硬件压缩芯片实时压缩为 H.264 码流，并通过以太网接口发送到网络上。这些码流可由专用软件接收、处理，并且该终端将云台镜头，红外、微波探测器的控制信号进行数字编码，使得教室端的视频、音频信号和控制信号可以在校园网中传输，实现远程数字视频监控。

3. 传输部分

通过 JYD 多媒体网络中控，将视频／音频信号采用 H.264/ITUG.722 编码，控制信号进行数字编码，符合 TCP/IP 协议标准，通过以太网接口发送到网络上，在校园网中传输。

4. 控制部分

通过 JYD 多媒体网络中控内置的云镜解码器模块，选择此模块后，可由终端—多媒体网络中控直接控制云台和镜头。整个系统的控制部分主要监控软件及相应的模块来完成，实现集中控制、集中管理，网管只需要在主控、分控计算机上，就可以完成对教室端视音频信号的监控，从而完成设备监控、校长的教学评估和观摩教学；能够灵活控制石台、镜头，如镜头的伸、缩，台的转动。

5.显示和记录部分

显示部分可以用电视墙中的普通电视（需要配置数字解码器），同时可以在多台监控主机上实现监控显示，完成学校所有教室视频的监控。并且随时进行硬盘录像，以便作为证据和示范教学的素材。

（二）系统建设

1.控制室主要设备——数字监控平台

数字监控平台主要完成对教室的多画面数字监控。

数字监控的程序可以接收终端传送回的视音频码流并显示。可以单画面、4 画面或者 9 画面显示数据，可以监听任一路音频。可对监控的视音频信号进行存储、回放。并可以对相应的云台进行操作。每个画面的地址、组播地址、端口、云台 ID 等都是可以设置的。数字监控提供数据的存储功能，可以设置将某路数据自动保存到硬盘上。文件可以直接用 Windows 系统中的媒体播放器或超级解霸、Power、Win DVD 等 MPEG 播放软件来进行播放。

多媒体教室主要设备——终端编码卡多媒体网络中控配置终端编码卡，配合教室端的视音频采集设备、摄像头套件，实现教室端视音频信号的编码回传。

编码卡备有一路视频输入接口和一路模拟音频接口。接收来自摄像头的模拟视频信号和来自拾音器的模拟音频信号，将其数字化，利用硬件压缩芯片实时压缩为 H.264/G.722 码流，并通过 PCI 接口传送给主机 CPU，以太网接口发送到网络上。

根据用户应用需要，可在体育馆、报告厅、教室等任何有校园网信息点的地方，安装带有编码卡的"多媒体教学工作站"。该工作站可以接入 CCD 摄像机，并附有云台、镜头控制器。可以将现场声像编码压缩后，经过校园网传输到指定的教室、办公室等播放接收，实现网上教学评估、网上电视直播、教师自我评估训练、网上电子监考等功能。数字监控主机可将图像实时存储，并可对云台、镜头进行实时控制。

2.双视频流/示范教学平台

通过双视频流教学平台，可以将教师授课的场景、教师使用的电子教案内容（可以是任意一台联网的 PC 或笔记本）同步传送到网络上，通过接收软件可以同步显示现场图像及电子教案内容，并可将教师授课内容和课件画面进行编辑，将这些内容保存制作成教学评估素材，供大家观摩、评估。

对于双视频流的传输内容，可以是以下四组信号的任意一组：镜头的视频（教室授课的场景）+拾音器的音频（教室上课的声音）；计算机的 VGA 输出（教师所讲课件画面）+计算机的音频输出（教师所讲课件声音）；实物展台的视频+实物展台的音频；镜头的视频（教室授课的场景）+麦克风（为提高讲课声音和评估音频质量，教师可用麦克来扩音）。

此外，双视频流的接收端，可以是多媒体网络中控，也可以是 PC 机。教室工作站可以通过菜单进入接收状态。在该状态下，会显示被监看的计算机画面和监控的教室画面。教室画面可以有四种大小选择：1/4 屏幕、1/2 屏幕、全屏幕、消失。

3. 控制室扩展软件——远程监控平台

远程监控系统采用 B/S 结构管理平台，在 Internet 上实现对省内任意教室的监考。软件平台分为两个部分，省、市级用户共同使用一个部分，这需要在省、区、市 / 县设置 Web 服务器；校级用户使用一个部分，需要每个学校都有一台 Web 服务器。

其中省、市级的 B/S 结构管理平台，主要功能是维护省内的区市、学校列表，并且维护监考人员的信息和权限，这里不用考虑每个学校有多少教室，每个教室的 IP 地址是什么（因为学校里的各教室一般都是内部的局域网，对 Internet 访问是没有意义的）。当监考人员需要对某一学校进行监考时，页面会跳转到校级服务器上。

校级的 B/S 结构管理平台负责维护校内的各教室信息，此外，校级的服务器还要安装一个转发程序，把内网的教室监考画面转发到 Internet。为了防止无关人员连接校级服务器进行监考，需要在校级的 B/S 结构管理平台中添加一个权限验证部分，从省级服务器读取用户信息进行确认。

九、设备防盗系统的建设

教室端贵重设备的防盗系统包含：被动式机械防盗设备——电子讲台防尘防盗投影机吊箱及智能安防系统（防盗报警系统）等。

教室内装配全钢结构的电子讲台、防尘防盗投影机吊箱，使教室的各种设备得到保护，防止设备被盗或人为破坏。

教室端核心设备——多媒体网络中控可配置"安防报警模块"提供门磁开关、双鉴探测器、暗线保护等多种报警功能。探测器的报警输出接"多媒体教室专用工作站"的安防报警接口，提供对教室端贵重设备的主动防护。

当探测器有报警信号输出（如安装防盗类安全探测装置门磁的门没有关好或被打开）。在探测区内有探测对象出现，或安装了剪断线报警设备的线路被剪断时，"工作站"将报警信号转为数字信号，通过网络传送到主控室或安防监控值班室的监控主机上，在监控报警的图上将显示出报警位置，声光提示值班人员及时采取措施。同时，报警教室端可设置声光报警，以恐吓破坏者。

（一）教室端配置——安防报警软件

控制配置的安防报警软件是带教室分布电子地图的专用报警接收处理软件，用于联网报警中心配合教室端报警探测设备实现的报警处理。安防报警软件运行于 Windows 操作系统，用户界面友好，采用多媒体显示，使用方便，自动化功能强，操作简单，同时在控制室端配置闪灯，可以实现对教室端的声光报警。

（二）教室端配置——报警信号采集设备

在每间教室内设置双鉴探测器，对其实现全方位的保护警戒，并且在投影机的后盖门、讲台的上盖门、后柜门、前面维护 PC 机的小柜门配置门磁。报警信号采用数字方式，传输给多媒体网络中控，由多媒体网络中控通过网络把报警信号传输至控制室，实现对教室内关键设备的保护。

（三）教室端配置——机械防盗设备

采用 GB1.5mm 厚的宝钢冷轧钢板；柜门由滑轨式推拉和翻盖相结合；边角部位采用圆弧过渡，表面静电喷涂处理，耐磨效果极佳；讲台内所有设备锁闭在柜内，使用者只能对设备进行操作，无法搬动；上盖门采用撞锁，后柜门采用十字锁，小柜门采用暗拨插锁。

（四）电气安全性

时序通、断电功能，保护音箱等贵重设备免受瞬间强电流冲击，延长设备使用寿命；投影机延时断电功能，使投影机使用完毕后，得到充分散热，免受非正常断电的威胁，延长灯泡的使用寿命；强电安全处理，设备配有漏电保护开关并接地处理，无漏电现象。

（五）防尘防盗投影机吊箱的安装

采用 GB1.2mm 厚的宝钢冷轧钢板；边角部位采用圆弧过渡，表面喷塑处理，耐磨效果极佳；投影机进风口处装有空气滤清器，有效防止灰尘进入箱体内；投影机出风口处加装有强力排风扇，有效提高投影机的散热量；后门采用十字锁，安全防盗；底部有四个调节螺丝，可方便调节投影机镜头位置；吊杆采用内外无缝套管可伸缩结构，方便调节。

第四节　闭路电视系统的建设

闭路电视（Closed Circuit Television，CCTV）是一种图像通信系统。其信号从源点只传给预先安排好的与源点相通的特定电视机。广泛用于高校大量不同类型的监视工作、教育、电视会议等。

目前，电视信号的传送和处理正处于一个由模拟向数字化方向发展的阶段，由于数字方式与模拟方式相比有着不可比拟的优点，所以模拟方式及相应的设备将被淘汰，这是一个不可逆转的趋势。但市场上尚有大量的库存模拟闭路电视器材，这些器材由于数字化发展的影响而价格低廉，应该充分利用这些器材组成模拟 CATV 系统，并应用于高校闭路电视系统的建设，实施高校节目传送、视频会议、电视教育等，使即将淘汰的设备发挥余热。

一、闭路电视的作用

（一）通过闭路电视实现现场直播

在高校的教育教学活动中，有些活动可以通过校园闭路电视系统进行实况转播，如高校的集体授课、开学典礼、结业仪式等。学生可以通过画面和声音等信息直接了解现场的真实情况，极大地减少了学生对学校活动录播后因各种剪辑原因而引发的疑问。同时，除了在第一时间准确传达信息外，电视现场直播节目还可以增强现场感及互动性，进而引起学生思想上的"共鸣"和"共识"，引起学生对事件的思考。学生在观看直播时，在了解一定的事件真实进程的情况下，就会假设"置身"活动现场。

现场直播可以使高校各种教育教学活动不受时间和空间的限制，如有一些心理辅导讲座等可采用直播形式，每个班级抽部分学生做现场观众，其余学生在教室观看节目。这种活动形式新颖，效果好，解决了高校全校学生现场集体观看时障碍、听不清的问题。由于学生对闭路电视的这种教学方式有新奇感，会积极收看和学习，而电视中的主角都是他们熟悉的同学、教师。因此，高校闭路电视系统改变了以往这些熟悉面孔面对面的形式，以电视屏幕再次展现他们熟悉的身影，对学生来说更具有吸引力，并且其他学生也都想再次上电视。此时可根据学生的学习表现，挑选下批上镜的同学，增强了学生的参与意识。

（二）通过闭路电视推广新课程

高校新课倡导以发展学生的主体性为宗旨的教学，把"以学生发展为本"作为新课程的基本理念，关注学生的学习兴趣和经验，倡导学生主动参与、乐于研究、勤于动手，使之形成积极主动的学习习惯，并在获得知识和技能的同时学会学习，形成正确的价值观。

在高校应用闭路电视系统教学时，首先教师，应该为学生创建参与条件。学生是学习的主体，他们的学习动机是教学过程得以顺利进行的前提。可以让学生尝试操作闭路电视系统控制器，分析讲述播放过程中的画面，拍摄一些学生参与教学活动内容语言课中的配乐朗读、戏剧表演及理化生课中的演示实验、学生实验等，或者让学生参与制作一些简单的课件等，这都能使学生获得真情实感，激发他们的参与兴趣。其次，教学过程中，教师应起到组织者、指导者、帮助者、促进者的作用，以引导启发学生学习为主，让学生自己去观察、思考、探究、分析、总结，以充分发挥学生的主动性和创新性。同时，教师也要多激励学生，即使学生出错，也要积极地肯定学生其他的良好行为。通过这些举措，学生会感受到探究成功的喜悦，从而不断地培养和发展自身的学习兴趣。在新课程教育的探索过程中，我们不但要重视教育形式的创新，更要挖掘教育活动过程中的隐性价值，要让学生参与到每一个活动的设计、组织中来，发挥广大学生的主体参与热情。在这里，我们的学生不单是高校教育活动的实施对象，更是教师的伙伴和自我教育的导师。

（三）闭路电视在道德教育中的创新应用

高校通过闭路电视系统，让各个历史阶段、各个行业中有代表性的人物进入课堂，走近学生，用精彩的人生和感人的事迹去熏陶并感染学生的心灵。通过"看、评、想"，把榜样的业绩与自己的行为联系起来，使学生把影视形象中的真情实感逐渐化为自觉的实际行动。

此外，高校利用校园闭路电视系统对学生进行思想品德教育、人生观教育和爱国主义教育的优势在于：直观、形象、具体，感染力强，真实、亲切、可信，说服力强，教育效果显著。

（四）利用闭路电视积极建设课堂教学辅助资源

高校积累的优秀教育资源应该在课堂教学中加以应用。高校许多一线教师在教学实践中自制了大量的视频资源，这些资源大部分非常优秀，但多是谁制作、谁保存、谁使用，属于教师的"私有财产"，无法交流和推广，从某种程度上看这是对教育资源的浪费。虽然我们对电视系统如何辅助教学尚未形成系统的模式，但由于在实践中坚持不懈地尝试，很多课程取得了良好的效果。

此外，在教学应用之后，高校可以科学地挑选出优秀的视频资源作品，也可以及时推广给其他教师使用，从而实现教学辅助资源的不断补充。调动教师在课程资源建设中的创造性，使学生的知识积累更加丰富、能力更强、素质更高，对知识的追求和探索具有更大的积极性和主动性。运用这一系统，优化了高校教学过程，提高高校教学效率和教学效果。

二、闭路电视系统的总体设计

（一）系统总体的结构

高校整个闭路电视系统由卫星电视节目接收系统、本地无线电视节目接收系统、调制与混合系统、放大与分配系统及用于进行电视会议的摄像系统与拾音系统等构成。

（二）卫星电视节目接收系统

高校卫星电视节目接收系统采用廉价的、质量较好的家用型就可以，因为目前卫星传送的电视节目大多数已经数字化，只要信号强度超过门槛，接收机便可稳定地解码，并输出质量达到 DVD 级的音视频信号，而无须使用价格昂贵的工程机。考虑到目前传送国内免费电视节目最多的卫星是亚洲 3S 号同步卫星，且 C 波段的最多，我国大部分高校采用 1.5 米天线便可稳定接收，所以卫星天线可用质量较好的中卫或其他品牌的 1.5 米正馈天线，高频头采用 C 波段的双本振多用户型的，以方便同时接收多套节目。若想接收与传送更多的节目，可考虑一锅多星方案或多面天线对准不同卫星的接收方案。

卫星天线做好对星调整并固定后，由高频头降频后的卫星信号，经功分器分配至各卫星接收机，各卫星接收机将各套电视节目调制出音视频信号，再送到调制器进行调制，得到系统要传送的各频道射频信号，最后经放大后分配到高校各终端电视机。

（三）本地电视节目接收系统

一般情况下，在高校本地都有若干套无线传送的电视节目，这些电视节目也要纳入系统传送的节目，但不能将这些节目的射频信号直接混入系统进行传送，原因是正常混合进入系统的射频信号与串入系统的信号存在时间差，造成严重的重影现象，不能保证高校本地节目的传送质量。

解决高校本地无线电视节目的传送问题，有两个方案：一是无线电视信号经室外天线馈送至接收电路转换为音视频信号，再由调制器调制为某一频道的射频信号，这一方案是，每一套本地无线电视节目都需要一套由高频头和中放电路构成的接收电路，并占用一台调制器，这个方案能很方便地实现，但由于要增加调制器，所以成本较高。二是采用差频的方法，即高校无线电视信号经室外天线馈送至差频电路，将信号的载频差频到所需的频道，然后再混入系统一起传送。这个方案由于每套无线电视节目仅需一套差频电路，成本最低，且信号处理电路环节少，更能保证信号的传送质量。当然这个方案也有缺点，就是市场上买不到现成的差频器，只能自制或定做。

差频器自制，较为简单且成功率较高的方案是采用现成的电视机高频头改造而成，改装后所得的差频器高放与输入回路的中频输出调结合本机振荡的调谐是分开进行的，且增加了末级的差频放大级、增益控制和 AFC 等电路差频便是我们所需要的输出频道频率。另外，增加的电路所采用的元件必须是低噪声系数的，原高频头的本振三极管也换成低噪声系数的，这样才能保证差频电路输出信号的质量。

改制时需要用扫频仪进行调试。需要调整的部位有原中频输出谐振回路、增加的 AFC 电路和差频输出后放大电路的相关谐振回路。可将原中频输出谐振回路拆下，用扫频仪监测，通过更换电容或改变电感匝数来改变谐振频率，使它变换为我们所需要的频道频率，其他谐振回路的调试方法是相同的。

（四）闭路电视系统的防雷设计

1. 前端设备的防雷

前端设备有室外和室内安装两种情况，安装在室内的设备一般不会遭受雷击，但需考虑防止雷电过电压对设备的损害，而室外设备则需考虑防止直击雷击。

前端设备如摄像机头应置于接闪器（避雷针或其他接闪导体）有效保护范围之内。当摄像机独立架设时，避雷针最好距离摄像机 3～4 米的距离。如有困难，避雷针也可以架设在摄像机的支撑杆上，引下线可直接利用金属杆本身或选用中8的镀锌圆钢，为防止电磁感应，沿杆上摄像机的电源线和信号线应进行金属屏蔽，为防止雷电波沿线侵入前端设备，应在设备前的每条线路上加接避雷器，如电源线（220V 或 DC12V）、视频线、信号线和云台控制线。

摄像机的电源一般使用 AC220V 或 DC12V。摄像机由直流变压器供电的，单相电源避雷器应串联或并联在直流变压器前端，如直流电源线传输距离大于 15 米，则摄像机端还应串接压直流避雷器。

2. 传输线路的防雷

传输线路的防雷主要是传输信号线和电源线，室外摄像机的电源可以从终端设备引入，也可以从监视点附近的电源引入。控制信号传输线的报警线一般选用铜芯屏蔽软件线，架设（或敷设）在前端与终端之间。

从防雷角度讲，直埋敷设方式防雷效果最佳，架空线最容易遭到雷击，并且破坏性大，波及范围广，为避免首尾端设备损坏，架空线传输时应在每一电杆上做接地处理，架空线缆的吊线和架空线缆线路中的金属管道均应接地，中间放大器输入端的信号源和电源均应分别接入合适的避雷器。

传输线埋地敷设并不能避免雷击设备的发生，大量的事实显示，雷击造成埋地线缆故障，占故障的 30% 左右，即使雷击的地方比较远，也仍然会有部分雷电流流入电缆，所以采用带屏蔽层的线缆或将线缆穿钢管埋地敷设，保持钢管的电气连通。对防护电磁干扰和电磁感应非常有效，这主要是由于金属管的屏蔽作用和雷电流的集肤效应。如电缆全程穿金属管有困阻时，可在电缆入终端和前端设备前穿金属管埋地引入，但埋地长度不得小于 5 米，在入户端将电缆金属外皮、钢管同防雷接地装置相连。

3. 接地方法

电视系统应有良好的防雷接地，以保证人身安全及防干扰和雷击；设备的工作接地电阻应小于 4Ω，当系统采用综合接地网时，接地电阻应小于 1Ω；防雷接地应采用专用接地干线。由控制室引入接地，专用接地干线采用铜芯绝缘导线或电缆。接地线截面面积不应小于 20 毫米；系统的接地线不能与强电交流的地线及电网零线短接或混接，接地线不能形成封闭回路；由控制室引到系统其他各设备的接地线，应选用铜芯绝缘软线，其截面面积不应小于 4 毫米；系统一般可采用单点接地；系统中三芯电源插座的接地端，应与系统的接地端相连（保护地线）。

三、高校演播室的建设

演播室是开展新闻制作、影视动画、文艺编导、播音与主持等专业的重要教学装备之一，是学生学习相关课程制作必不可少的实验场地。近年来，全国高校由于新闻、影视动画等相关专业的开设及教学和科研的需要，纷纷在学校内建设教学用影视演播室。

（一）高校演播室的空间建设

高校传统的演播室由空间上相互隔离的演播区、导播设备系统控制区和后期编辑录音区三大部分组成。随着视觉传媒的不断丰富，高校对动态媒体节目多样化的要求也在不断提高，动态媒体节目制作形式也在不断丰富和发展，开放式演播室的设计理念开始成为演播室的发展趋势。开放式演播室是指将演播区、导播设备系统控制区等功能区域有机地融合在一个空间里，工作场景成为实时演播场景。

比较传统的演播室，高校开放式演播室既是演播室节目录制区，又是日常节目编辑制作区，功能更加先进多样，工作流程更加流畅、高效，能让电视节目形式更加丰富和具有更强烈的现场感。因此，在设计上也要求视频系统、音频系统、通话系统、灯光系统、空调动力系统等各系统性能更加优越、稳定，各系统之间相互配合更加科学、高效。

同时，因为多个功能区集中在一个大的开放空间里，而各功能区工作场景又同时是演播场景，所以高校演播室功能区创意设计也非常重要，以现代传媒观念和多视角、多场景、多机位、多功能的开放式演播理念，将艺术性和实用性相结合对演播厅科学合理地进行创意、设计，使高校演播室成为一个多视角、多场景、多机位、多功能的开放式演播室，以满足开放式、多功能的要求。既要满足镜头效果的要求，又要满足工作环境和视觉效果的要求。

（二）高校演播室的照明建设

按照《演播室灯光系统设计规范》的规定，高校彩色电视照明要求光源的显色指数（Ra）不低于85。如果光源的显色指数过低，彩色画面的色彩质量会受到较大影响。也就是说，显色指数低于85的光源是不能在演播室中使用的。从拍摄镜头的需要来看，高校演播室应当装备足够的灯光照明用具，按照拍摄要求布光，保证图像层次分明，色彩接近真实景物。

同时为满足多视角、多场景、多机位高清演播的要求，保证高校整个演播区有均匀的面光、侧光、造型光等。过去，曾有些高校为了节省投资，在演播室中没有使用高显色三基色荧光灯，而是使用普通日光灯。普通日光灯的显色指数大约为70，它严重缺少红光，因此，我们看到节目画面中人的脸色严重偏蓝，这种情况是不符合视频专业制作要求的。

鉴于高校的演播室内部空间比较小，所需光的投射无须很远，所以在设计时考虑冷光源和聚光灯合用，采用高显色三基色荧光灯，它的光源显色指数（Ra）可达到90以上（一般摄像机的要求为85以上），既保持了白炽灯的优点，又可避免红外光带来的能量损耗。它以柔和的散色光，淡化了被照体上的光影，使画面更干净。高显色三基色荧光灯灯管寿命达到10000～15000小时，使之运行成本大大降低。若每天使用8小时，也可使用3～5年。由于投射距离对层高的要求低，高3～5米即可，可根据高校演播室的结构而设置环形冷光灯并可安装移动轨迹和简单升降设备，以利于小景区变化的需要，所以冷光灯特别适合在高校这样的中小型演播室中使用。

（三）高校演播室的设备配置

高校以教学为主的演播室由于受到场地、资金的限制，根据演播室工作流程选用性能价格比高的设备。

此外，还要考虑以下几点因素。

其一，技术上成熟与数字化，能支持数据、语音、视像等多媒体应用，视频标准应遵循国际化标准，根据现有的设备进行合理配套，使得新老设备均能正常使用。

其二，为高校今后的软硬件升级换代事先预留出应用端口，提供开放性的解决方案。

其三，支持多种视频格式、多种接口设置和多媒体实际应用。

其四，选用符合发展潮流的国际标准的软硬件技术，以便系统具备可靠性强、可扩展和可升级等特点，保证今后高校可迅速采用视频网络化发展出现的新技术，同时为现存不同的视频设备（摄像机、录像机、切换台、字幕机等设备）提供互联手段。

（四）高校演播室的声学建设

高校演播室的声学设计，目的是控制音源和创造良好的室内音质条件，保证录制节目的音质。演播室的重要声学性能指标是混响效果，评价混响效果的尺度是混响时间，混响时间太长，字音浑浊不清并且会有回音；混响时间太短，字音干枯无力，讲话费劲，理想的混响时间会使声音响亮清晰悦耳，音域宽，讲话舒畅省力。

对于高校小型演播室合适的混响时间，应该控制在 0.5 秒或更低。影响演播室混响时间的因素常为建筑结构、墙壁地面的吸音效果、通风、空调、噪声等。由于现在高校教学演播室用房多是相对壁面平行的建筑结构，我们可从室内装修上通过改造使之不平行，演播室四壁和地面合理地使用吸声材料做吸声处理；能有效控制混响时间。常用的装饰材料有薄板穿孔吸声结构、空气吸声体等，填制的吸声材料有玻璃棉、矿棉、聚氨酯塑料等多微孔材料。在高校演播室内挂帘幕是调整吸声量的好方法。因此，将多种材料配合使用，可达到理想效果。

此外，高校演播室不宜采用自然通风换气的方式，而应采用现代化的无声空调装置。

（五）高校演播室的噪声控制

演播室的噪声问题一直是困扰一些高校电教中心演播室的一个大问题，给工作带来了很多不便。这些噪声主要有环境噪声和中央空调噪声两大类。环境噪声的来源和成分比较复杂，解决的办法主要是远离和避免。中央空调的噪声源主要有三个：风机、电机和管道腔（共振），其中风机是最主要的噪声源。

1.环境噪声控制

环境噪声来源复杂，一般只能从高校演播室的选址和用房设计上加以考虑。由于演播室的职能特点，选址和用房设计上必须遵循以下原则：避开噪声源，隔离噪声；减少环境温度的影响。演播室应设于高校大楼的中间几层，避开机械振源（城市街道、工地、场矿、铁道、机场等），相邻上下两层为静室（如陈列室、库房等），可以减小来自上下的噪声。四周为隔声室，减小来自四周的噪声。这样才能保证为高校演播室提供一个安静和气温适宜的环境，不受干扰，自然进入角色。

2. 电机噪声的控制方法

电机的类型不同，噪声控制方法也不同。一般高校电视台及高校演播室的电机原则上应以小功率为宜。可采用的降噪办法有：

风冷系统降噪。正确选择风扇叶片形状和尺寸、通风口形状和大小及合理的风道，能显著降低噪声。购进电机时一定要注意其风冷系统的噪声系数要尽可能小。

加装消声器和消声筒。在电机辐射噪声（空气动力性噪声）最强的部位加装消声器，在冷却风扇处加套消声筒。要求消声效果好，且不影响电机的冷却散热，拆装方便。

设置全装式隔声罩。电机隔声罩与别的机组的隔声罩原理相同，但鉴于电机的冷却散热要求严格，设计隔声罩要注意：罩内有足够的空间做储气室（隔声罩内壁与电机外缘距离不小于50厘米）。隔声罩要有足够的进出气通流面积。对电机的机壳和底座使用隔声软垫，缓解振动，减小噪声。为隔离基础振动，可以在电机下安装减振器或设计专门的隔振基。

如果电机装上消声器、隔声罩，缓解了基础振动，再把它设计安装到隔声室中，机位远离高校演播室，那么由此引起的噪声完全可被降下来。

3. 风机噪声的控制方法

在风机噪声问题上可采用的噪声控制办法有：

轴流风机噪声大，不适于演播室。在风机进出口管道上安装消声器。风机的消声器目前国内外均采用阻性消声器。

风机加装隔声罩。在加隔声罩时应注意选择与之配套的通风冷却方法及该种方法的减噪措施。比较适合给高校演播室中央空调风机通风冷却的方法有自扇通风冷却法、负压吸冷却法、罩内气循环通风法。

输气管道上除加消声器外，还可以延长管道、改变管道的行走方向、在管内壁贴阻尼材料和吸声材料。在管道设置上还可采用多级增粗的管道。由风机出来的气流先进入较粗的管道，这样可以减小风速，再利用消声设施消声并缓冲涡流。甚至用这种多级单元，使气流慢速流入高校演播室。

还可以利用空气对流的特点使其在管道最后段自动循环进入演播室。对风机的机壳、底座使用隔声软垫。为隔离基础振动，可以在风机下安装减振器或隔振基。

4. 机房噪声的综合治理措施

改造机房噪声的综合治理措施。高校演播室中央空调一般都有专门的空调机房，可以把机房改造成隔声间，建设于远离演播室的地方，两者中间相隔数层房屋最好，以降低噪声。

机房隔声间可以用砖砌，一层 24 厘米厚的砖墙，隔声量约为 50dB。砖墙的灰缝要填实，门、窗等按隔声技术要严格进行设计和施工。在隔声间内悬挂吸声体，在房间内表面布置吸声材料。

四、高校校园电视台的建设

（一）高校校园电视台的职能

1. 记录历史

高校校园电视台的诞生，源于高校希望留存一些重大事件、重大活动、重要人物的音像资料。在日常工作中，保证新闻或资料性的拍摄，仍然是高校校园电视台工作量最大，也是最重要的任务。

2. 促进交流

高校校园电视的受众是同处一个校园环境中的师生，他们有许多共同的情境或话题。高校校园电视能最大限度地让他们产生共鸣和亲切感，不但使其产生交流的热情，促进工作的进步和自我的成长，也能带来实际可借鉴的经验和心理情感的满足。

3. 服务师生

高校校园电视首先要为师生提供其所需要的信息和知识，为他们的学习和工作创造良好环境，为他们的生活带来便利和帮助。在此基础上，在节目的制作和编排中，尽可能以丰富多彩、风格突出的节目来潜移默化地实现高校的宣传和教育目标。

4. 传承文化

高校校园电视能够方便直观地把声像信息"广播"给广大师生，无疑是传承校园文化最好的载体之一。另外，当高校校园电视台被师生们逐渐接受、喜爱并成为日常生活的一部分之后，它本身也就成了校园文化的有机成分，不仅传承文化，也塑造文化。

高校校园电视台通过新闻、专题等栏目，以宣传典型、专访、座谈、辩论等形式，全方位、立体化、声像并茂、生动形象地向师生进行以爱国主义、集体主义、社会主义为主要内容的精神文明建设教育。树立大学生正确的社会道德观，正确的人生观和科学发展观。还可以通过典型事例的剖析，帮助他们从心理上对是非、美丑等做出正确的判断和选择，自觉追求高品位、高格调的学习、工作和生活方式。

同时，高校校园电视台的收视对象是学校师生，特别是大学生，他们的年龄、文化和心理相对稳定，电视台可以通过宣传党和国家的方针、政策，传达、宣传学校的重大决策、重要决定、重要意图及政令，报道学校的教学、科研、后勤服务、学生工作、党建与思想政治工作等方方面面的信息，来促进高校大学生思想道德素质的提高，为学校的改革发展提供良好的思想保证和舆论环境，为育人服务。

高校校园电视台还可以系统地播送精神文明教育、学术讲座、外语节目等，播送师生文体活动，播出电视连续剧等。这样不仅活跃了校内文化生活，而且增强了师生的凝聚力和同心力。

（二）高校校园电视台的设备选型

建设高校校园电视台，摄、录、编设备的选择配置是很重要的环节。选择设备必须坚持实用、更新周期长、节目质量合适、经费允许四大原则。适合校园电视台的摄、录、编设备品种繁多，发展更新很快，价格变化也很大。高校在购置设备前需多调查，根据实际情况并为兼顾今后发展做好规划。

1. 视频设备

摄像机作为最重要的信号源设备，在视频系统中占有重要地位。并对节目的质量起关键作用，一般演播室拍摄均设置多台摄像机，为了保证高质量的信号源，应采用具有高稳定性和高可靠性的数字摄像机。由于数字摄像机采用了DSP（数字信号处理）技术，使得它具备了适应亮色控制，适应细节控制、肤色细节控制和肤色自动光圈控制等许多模拟摄像机所不具备的功能。其灵敏度、信噪比和分辨率都是模拟摄像机无法比拟的。外景拍摄由于具有场地不固定、流动性强的特点，建议选用体积小、重量轻、操作方便、耗电少的便携设备。作为主要的视频信号记录设备，录像机的选型必然涉及记录格式的选型。

从技术发展来看，在相当长的一段时间内，盘基的制作、存储和播出系统还无法完全取代带基的制作、存储和播出系统。因此，记录格式的选型直接关系到今后全台如何实现向数字化的平稳过渡。目前市场上的数字记录格式比较多，如何选择，是在系统设计中必须考虑的。在选择时，既要考虑对现有数字记录格式的兼容性，又要确保具有高质量性、高稳定性、高可靠性、低维护费用和较高的性价比，保证向数字化的平稳过渡。我们推荐校园电视台采用DVCAM格式，DVCAM格式数字录像机能兼容重放DV格式磁带，并且很多电视台都有DVCAM格式数字录像机，这样高校校园电视台制作的节目就可以直接传送电视台播出了。

视频切换台是节目制作系统的核心，是信号输入、输出的枢纽，其性能指标在系统集成中是至关重要的。数字切换台的输入是多路的，要求每路的亮度、色度等均可调整，当需要变更信号的顺序时，很容易通过菜单改变，视频输入信号在切换台上直接发出，也可对任意二路输入信号作特技，并在切换台的下游键插入所需的字幕和图形等。

2. 音频设备

传声器是原始声源的输入口，其质量优劣、选用的合适与否、使用的方法都直接或间接地影响电视节目的质量。传声器在选择和使用的特点有四多，即"数量多、使用多、种类多、缺点多"。传声器是音频系统中配置数量最多的信号源设备，是音频处理过程中的第一个环节，同时，受目前技术制约，也是声音处理过程中的最薄弱环节。

所以，传声器的选择就显得尤为重要。在高校校园电视台的音频系统配置上，要尽可能选择灵敏度高、频率响应范围广、失真小的电容式传声器。调音台是音频系统的核心设备，主要负责将多路声音信号进行处理再加以结合，产生多路输出，送至广播设备进行播出，或送到扩音机直接推动扬声器发声。在选择时应尽可能选择接口丰富、调整功能齐全的调音台。

3. 后期编辑设备

现在电视台用于后期制作的设备磁带机比较多。主要原因是比较传统的操作方式，编辑人员使用熟练。但是这些设备价格都比较昂贵，早期建立电视台的高校还在使用它。非线性编辑机是近几年才出现的设备，目前设备的价格比磁带编辑机要低很多。并具有可对原始素材进行无损复制，在进行视音频节目编辑的同时，还可处理文字、图形、图像和动画等多种形式的素材一系列优点。建议高校新建校园电视台采用非线性编辑系统，用于电视节目的后期制作。

4. 播出设备

一般来讲，高校都配有闭路电视系统，节目的播出直接进入该系统即可。大型电视台的播出设备是一个庞大的系统，频道多，播出时间长，各节目之间安排严谨，自动化程度高。操作起来相对复杂，高校校园电视台很难做到，也没有必要。高校可以采用比较简单的播出系统，由于播出的时间不长，人工操作就可以了。

近几年来，高校都设置了校园局域网。利用局域网传送电视节目，不管使用电视还是使用计算机，都能看到校园电视台的节目。在选择播出系统时，可优先考虑接入校园局域网。

（三）高校校园电视台的播控系统建设

播控系统是高校校园电视台的中枢和核心，主要进行自办节目播出、其他电视台节目转播、现场直播信号切换，以及信号的编码、调制、解调、变频、放大等处理。因此，播控系统设计的合理性和稳定性将直接决定高校校园电视台的各项性能指标。

1. 播控系统简介

为充分利用现有有线电视设备和传输网络，确保节目安全可靠播出和传输，高校将校园电视台播控系统和原有线电视网络前端设备有机结合并加以适当改造后，从而建立一个功能完善、技术先进、扩展灵活、稳定可靠、经济实用的播控系统。此系统可实现卫星电视节目接收、自办节目播出、其他电视台节目转播、电视现场直播、网络点播 /同步直播等功能，同时，兼容模拟 / 数字信号处理，采用同轴电缆 / 光缆和模拟 / 数字信号同步传输的解决方案，使其发挥最大用途。

2. 播控系统组成及工作原理

高校播控系统主要由 CATV 邻频前端系统（对原有模拟前端进行数字化改造）、DVD、硬盘播出系统、DVCAM 数字录像机、音视频切换器、台标 / 字幕机、视频服务器、视频编码工作站等设备构成。

高校播控系统的基本工作原理是：首先将所有自办节目信号、现场直播信号、CATV信号通过音视频切换器选择其中一路音视频信号输出（被选择节目可通过输出监视器进行预览）。为了让高校师生对本频道便于识别，还需将音视频切换器的视频输出端与台标/字幕机的视频输入端相连，从而实现对所播出节目的台标和字幕叠加，最终还可以通过末端监视器进行预览。至此，对最终所要对外传输节目的前期处理就完成了。然后，将音视频切换器输出的音频信号和台标/字幕系统输出的视频信号分别分成三路传输：第一路输入至模拟电视调制器；第二路音视频信号输出端则通过 MPEG 编码器、QAM调制器、上变频放大器（将播出节目信号上变频到电视频道）与多路混合器相连，最终与 CATV 信号进行混合传输；第三路音视频信号则送入网络视频直播/点播系统。

3. 网络直播/点播系统

随着视频技术和流媒体技术的不断发展，网络视频传输（含网络直播和网络点播）已经逐渐普及。网络直播/点播系统可实现高校自办电视节目或其他直播节目与电视同步直播的功能，对于进行电视教学、召开视频会议等活动尤为实用。如果高校在进行校园电视台建设时能充分利用网络优势，实现网络视频直播和点播的功能，则必将为教育教学、管理、内部宣传等方面提供莫大的便捷。

网络直播/点播系统的工作原理是：将音视频切换器输出的音频信号和多通道台标/字幕系统输出的视频信号输出端分别与视频编码工作站采集卡的音视频输入端相连，经视频编码工作站进行视频编码、压缩等处理后，将原有音视频信号生成实时的数字视频码流（如 MPEG-4、RM、RMVB、WMV 等），然后通过千兆交换机与视频服务器进行连接，再由服务器与高校校园网或因特网进行连接，从而真正实现网络视频的同步直播。除直播以外，还可将某些节目直接以流媒体形式放在视频服务器上，并建立相关网页，以供点播。

（四）高校校园电视台的直播系统建设

高校直播系统是现场直播的核心组成部分，主要进行现场图像与声音采集、切换、特技处理等工作，同时将所要播出节目的音视频信号通过同轴电缆系统或光缆系统回传至电视台播控中心进行台标叠加后最终切换播出。因此，该系统设计的合理性和科学性将影响到整个直播节目的最终播出和收看效果。

高校直播系统将特技切换台和调音台输出的音视频信号通过视频分配器分成三路：第一路音视频输出信号直接与数字录像机音视频输入端连接，以作为直播备份；第二路音视频输出信号通过模拟调制器调制处理后，与混合器输出端相连；第三路音视频输出信号经 MPEG-2 编码器进行数字化处理后，经 QAM 调制器进行数字调制后，通过上变频器与混合器输入端相连，通过混合器与模拟信号进行混合。最后，将混合器输出的信号经放大器放大后分别送入光发射机或同轴电缆直播干线回传至电视台播控系统。

第五节　高校外语调频台的建设

一、高校外语调频台的作用

现在，高校教学双方已经逐渐认识到，良好的语言环境是学好英语的重要条件之一。研究证明，广泛地接触目的语（target language），特别是以阅读、听说等方式广泛接触目的语为母语的人（native speaker），对学好外语是非常关键的。由于语言同社会文化关系密切，一般要亲眼见过或者亲耳听过 native speakers 在哪种情景下怎样表达的，才能正确使用。也就是说，外语学习的实践性很强，需要在一定的环境内进行相当长时间的练习，才能见到成效。在构建英语学习环境方面，英语调频台有比较大的优势。调频台不但能以比较低的成本营建校园英语学习环境，还可以丰富高校的文化生活。

根据笔者的亲身体会和观察，收听英语广播节目比观看英语电影、电视的效果都要好一些。收听时注意力更加集中，更有利于调动、训练收听者的预测、推理、判断等听力能力。

如果把英语学习环境分为课堂微观环境和课外宏观环境，外语调频台不仅是英语环境的一个组成部分，还可以很好地把其他部分联系起来。以清华大学外语调频台为例，由于采用了开放式的工作原则，无论是英语专业的学生，还是其他专业的学生，只要英语水平达到录用标准，都可以来参与节目的采编和播音，使英语专业同大学英语这两部分有了进一步的联系。同时，外语调频台同学校多种英语活动都建立了良好的互动关系。比如，调频台通告英语文化讲座、英语角、各类英语考试等活动信息。调频台为外教每周举办的一次英语文化讲座录音，在编辑加工后播出。这样不但增加了学生的收听机会，也有利于资料的积累，为以后的英语调频节目库做准备。

二、高校外语调频台的技术优点

科学技术的整体发展，必然会促进无线调频技术的更新与发展。无线调频广播技术目前并没有落伍，而是随着科技的发展而进步了。从录音、编辑到播音，调频广播已经实现了数字化。据专家分析，数字音频广播（DAB）将会成为调幅、调频广播技术之后的第三代广播技术，而且更高级的数字多媒体广播技术（DMB）也已进入广播专业人员的视线。

具体到节目编辑，由于计算机技术已经相当成熟，出现了功能齐全、界面直观友好的应用软件，如 Cooledit2.0 等。有条件的高校，还可以利用功能更加强大的音频工作站编制、播出节目。发射机可谓是高校校园调频广播的关键系统。因为目前的技术已经很完善，不但缩小了机器的体积，降低了造价，增加了不少功能（如自动定时开关），而且机器的工作性能更加稳定。终端接收用的收音机也体现了技术的进步，比如性价比有了很大提高、功能越来越多（报时、照明）。近两年，袖珍数码收音机开始进入市场，对高校大学生有很强的吸引力。同其他高、精、尖技术相比，高校校园外语调频广播有以下几方面的突出优势。

（一）投资少，伸缩自如

高校修建一个语音实验室，投资需要十几万元人民币，而高校校园调频广播的基本设备建设费用在 3000 元到 5000 元人民币之间。如果要建设进口设备的语音实验室，建设费用则会高达几十万元人民币，而配置相当完备的校园调频广播系统，所需费用也就 2 万元左右人民币，而且受益面很大，方圆几公里内的人都可以受益。

所谓伸缩自如，指的是升级、扩展方便。如果经费充足，完全可以将基本配置扩大，比方配置多台电脑并建立局域办公网络，方便备用和资源调配。增添 CD 播放机、调音台、MD 机、功放等比较专业的设备，这样，以几万元的资金，就可以建立起一个完整的高校校园外语调频台系统。

用户端（这里主要是学生）只要有收音机就可以收听。现在的收音机不但款式多样，性能有保障，而且价格非常便宜。用户常用的调频收音机也就是十几元，贵一点的也不过几十元。

近年来，多数高校由于扩招等原因，语音实验室等外语教学设施的使用相当紧张，甚至是一时难以跟上。利用高校校园外语调频广播，可以缓解这种教学矛盾，将外语听力教学从教室延伸、扩展到高校校园内更大的空间。

（二）方便稳定

我们也尝试过利用网络技术把调频节目链接发到高校校园网络上，但这需要用户端有充分的条件：有电脑，并配备喇叭或者耳机。但现实条件是，多数学生无法自己拥有这些设备。况且利用网络和计算机的话，学生不得不以机器和网络端口为中心，这种向心性的活动自然会产生拥挤、拥堵等后果。而高校校园外语无线调频广播，是机器为人服务，既经济又方便。其工作特点是具有辐射性和开放性，学生无论是集体收听，还是个人收听都可以；无论是在教室、操场甚至是在食堂，都可以随时随地收听教学节目。

无线调频广播技术目前已经相当成熟，工作性能相当稳定。在音质优美流畅、工作稳定可靠方面，高校校园外语调频广播的优势是非常明显的。

（三）特别应用

在非典时期，高校校园调频广播的技术优势得以显现出来。为了避免密集接触，尽可能降低交叉传染的可能性，不少高校关闭了计算机试验室，而有条件利用自己的电脑联通校园网学习的学生数量有限。通过无限调频广播，学生不用集中，就可以非常经济、方便地学习外语。

同时，高校校园无线调频广播也是紧急情况下广播重要通知的一种快捷方式，能迅速将学校的通知、指示，以及社会信息传递给学生。

（四）灵活性

由于技术的进步，一台发射机有两个甚至多个频点早已成为现实。利用这一技术特点，可以同时广播多个节目。具体到高校校园内的外语教学，这就意味着可以针对不同班级的学生同时广播不同的外语听力教学或者自学材料。而自动定时开关、自动循环技术的应用，可以在无人值守的情况下实现定时广播、循环广播。多频点、自动定时开关、自动循环广播，可谓调频广播技术的一大飞跃，极大地提高了高校校园调频广播的灵活性。

此外，高校校园外语调频广播技术的灵活性还体现在投资规模上：教学经费紧张时，可以采用基本配置，几千元的投入就可以保证节目的运转；经费富裕时，可以采用比较高端的配置，提高录制、编播效果。

三、高校外语调频台的建设方案

由于高校多校区的特殊环境，使外语调频台在收听范围上存在一定的缺陷，管理上也存在不便，而流媒体技术的应用，正好能够解决外语调频台目前存在的问题，本书将采用解决方案，在高校校园网上建立一个基于流媒体技术的多校区一体化的调频台，使其从一个传统的调频台转化成管理灵活、收听范围广的数字调频台。

（一）设计结构

整个系统由三大部分组成：播控发射端、流媒体信号处理区、应用发射端。

（二）播控发射端

播控发射端由调频发射器、调音台、话筒及音源设备卡座、机等组成。其主要功能是将音源设备输出的信号输入调音台，由调音台混音后输出给流媒体编码解码系统和调频发射器。其中调频发射器将输入的信号对外发送，听众可通过调频信号接收器调频收音机接收信号并收听。

（三）流媒体信号处理区

流媒体信号处理区主要有三个系统组成：流媒体编码解码系统、流媒体直播服务器和流媒体解码编码系统。

1. 流媒体编码解码系统

流媒体编码解码系统由具备音频信号采集能力的专用计算机和运行其上的编码软件Real Producer共同完成。其主要功能是由音频采集卡实时捕捉播控发射端的调音台输入的音频信号，再由 Real Producer 对取得的音频信号进行编码，从而创建流媒体文件格式并发送给流媒体直播服务器。

2. 流媒体直播服务器

流媒体直播服务器是由流媒体服务器硬件平台与运行其上的流媒体服务器软件 Real Producer 共同完成。其主要功能是完成流媒体的存放、控制和发布。

3. 流媒体解码编码系统

流媒体解码编码系统由具备音频信号处理能力的专用计算机和运行其上的与编码对应的解码播放软件 Real Producer 共同完成。其主要功能是由通过网络实时接收流媒体直播服务器的音频编码信号，再由音频卡配合 Real Producer 解码后将信号输入应用发射端的调音台。

（四）应用发射端

应用发射端由调频发射器、调音台、话筒及音源设备卡座、CD 机等组成。其主要功能是当来自流媒体解码（编码）系统音频信号输入到调音台后，由调音台混音后输出调频发射器。调频发射器将输入的信号对外发送，听众可通过调频信号接收器（调频收音机）接收信号并收听。应用发射端的其他设备如话筒及音源设备（卡座、CD 机等）输出的音频信号也可选择性地输入到调音台混音。

（五）网络支持

一个良好的网络环境是成功实现流媒体应用的基础。高带宽、低时延、少丢包是流媒体应用对网络环境的要求。为此我们在网络部署方面做了以下设计。

第一，高带宽接入。流媒体编码系统及流媒体服务器，及各个校区调频发射子系统采用千兆网卡接入校园网骨干。

第二，采用 VLAN 技术为编码及服务系统提供专用子网。通过 VLAN 技术，一方面可以减少子网中的广播数据包，提高带宽的利用率，另一方面可以减少校园网中其他用户对该子系统的影响。

第三，在校园网中部署 QoS 系统。利用带宽保证机制为本系统提供带宽保障，同时，通过区分服务及队列技术的应用为本系统的数据流提供高转发优先级。这样，即使在网络拥挤的情况下，该系统的数据流仍能够得到有保证的带宽和要求的低时延。

第六节 教育技术多元化创新

一、建立协同学习网络教学平台

信息技术与 Internet 的飞速发展使远程教育成为现实。协同式教学方式使这些课程完全可以跨越地域、跨越学科和跨专业，所以它能吸引世界各地的学生和教师积极参与其中，引起教育界和全社会的广泛关注。这种以 Internet 为教育信息和课程承载、处理、传输平台的教学方式就是我们目前所说的网络教学。而其具体的实现方式则是协同式教学方式，是一种由多个不同地域的教学资源及师资组成的合理化运用。

协同学习是指学习者在与他人相互作用的过程中所进行的学习。利用基于 Web 网络过程的协同学习环境，可以让多名学生不受地域的限制，好像坐在一起进行某种问题的讨论，事先制定内容的有效学习。协同式学习环境是基于计算机辅助协同工作（Computer-supported Cooperactive Work，简称 CSCW）技术实现的，即一个群体中的多个成员同时使用分布式网络系统中的多台计算机协同工作，共同完成某项任务，这一思想体现了信息时代人们工作方式的群体性、交互性、分布性和协同性的客观要求。

（一）协同学习网络教学平台的具体实施

协同学习网络教学平台，可分为三个阶段进行。

第一个阶段是准备阶段，这一阶段主要是教育目标和教学策略的确定，教学内容的选择和教学计划的编制。教学策略可以理解为教学方法，运用的目的是通过恰当的方式向学习者展示学习内容，并获得预期的成果。教学策略包括互动技巧、学习活动的安排、引起注意和增强记忆的手段等。在此阶段，教师们要通过在网络环境下的协作和协同工作实现上述安排。

第二个阶段是网上教学阶段，这一阶段的主要任务是网上的实时教学，此阶段的主要方式是，在网络环境下采取类似视频网络会议的方式进行，用 M ：M 教学方式在学生和教师之间实时地进行交互式的讨论式教与学。

第三个阶段是网上答疑和辅导阶段，这一阶段的主要任务是强化学生的学习效果，这个过程在教师和学生之间可以采用分时异步进行，也可以采用同步实时进行。协同式教学方式不仅仅是通过技术的使用来拓展课堂，更倾向于最大限度地建立学习者之间、学习者和学习资源之间的联系，而不论他们身在何处。这种联系的最有效方式是互动性。

（二）协同学习网络环境的构建

1. 协同学习网络环境的拓扑结构

系统采用普遍使用的浏览器/服务器（Browse/Server）的结构。Web服务器提供一个目录服务，以目录树的形式显示所有带标题的学习分组，以及登录到目录服务器但尚未加入分组的学生，每个分组内列出参加学习的成员，组外成员可以随时申请加入感兴趣的分组，也可以单独发起讨论题目形成新的分组。

2. 协同学习网络环境的功能实现

协同学习网络教学系统为学习提供了较大的自由度，不仅可支持个别化学习，还可支持协作式学习。在协同式网络教学系统的教学应用中，可以通过调解访问权限，从而实现个别化学习模式和协作式学习模式之间的互换，访问权限的修改由教师来控制。

利用协同式网络教学系统进行协作式学习时，需要该系统能把教师备课、分配学生学习任务、布置作业、学生根据教师要求进行学习、教师对学生学习过程的控制管理、对学生学习成绩进行评估等方面结合在一起，形成集成化软件系统。在该系统中，教师可以对学生起到监控、指导等作用，学生与学生之间可以实现信息交流、相互协作、向其他同学提出问题等想法。

把教与学结合起来研究，使教与学成为一个统一体。把实现教学目的放在首位，根据教学目的设计教学内容，再根据教学对象、教学内容、教育技术和教学条件设计教学模式，由此可见基于Internet环境下的协同学习网络教学平台是对目前人们忽略了在网络教育时代下的一种有益的提示和补充。

二、建设混合学习平台

混合学习平台的建设是近年来在E-Learning研究领域中和企业发展研究中一个重要的新热点问题。"混合学习"是把传统学习方式的优势和数字化学习的优势结合起来，既要发挥教师引导、启发、监控教学过程的主导作用，又重视了学生利用网络学习的自主性、积极性、主动性和创造性。通过二者的有机结合，实现高校远程开放教育"教与学"的最佳效果。

混合学习的理论依据：

（1）人—机—环境协同效益理论，系统科学的整体论、优化论。

（2）以人为本的理论，强调人们个性化的学习方式是不同的，适合不同人的学习媒体也是不同的。

（3）不同问题要求用不同的解决方式（不同的媒体与传递方式），关键要针对特定的问题，提供恰当的混合方式。

（4）强调通过"教与学"的设计，构建以最低的投入获得最高效率的学习方式。

混合学习的关键是产生协同效应混合型学习，不是胡乱的混合，或者强拉硬配，而是强调现代信息化教学手段与传统教学手段的有机结合，各种教学媒体、学习方式的协调应用。混合学习重点强调把人、设备、环境和各种学习资源的优化组合、系统设计，要能产生出 1+1 ＞ 2 的协同效应，并强调构建以最低的投入获得最高效率的学习方式。

传统的教育是强调以教师为中心，E-Learning 的本质是以"学习者为中心"。但是混合学习法不是两种教育的简单相加，而是在系统思想指导下，根据特定的教育思想、学科教学理论，因人、因地制宜的一系列学习的设计方案。因此，我们说混合学习设计也是一个学习系统工程——采用系统科学的思想，把传统学习与 E-Learning 有机结合，对"教与学"过程中的诸要素进行系统设计，制定出一系列规范的教的程序、学的程序以及学习者相应的学习策略。

三、建立网络直播教学平台

网络直播教学平台作为高校远程教育最常用、最基本的授课手段，只有通过精心的设计，才能为学习者提供最佳的教学条件、最及时的教学指导，取得最有效的教学效果，发挥网络有效功能。

（一）网络直播教学平台建设原则

1. 互动原则

基于互联网平台的网络直播教学平台设计必须满足课堂设计的基本属性，课堂上师生间需有必要的互动，保持课堂活跃状态，可以有效地引导学生进入积极学习的状态，调动学生参加网络学习的积极性和乐趣，同时也可以调动教师教学的积极性和创造性。基于网络环境下网络直播课堂的交互有异地同步交互和同地异步交互两种，交互的效果取决于课前的设计，教学设计可分为四方面的内容：教学需求分析、确定教学目标、制定教学策略、进行教学评价。

2. 简约原则

网络直播教学平台必须遵循远程教育的规律，每门课程每学期直播课堂活动不能过多，安排 2 ~ 3 次为宜，期初、期中、期末，在课时安排上也要有一定的限制，每次以 2 ~ 3 个学时为好，启发性授课为主，以精练的语言、简洁的图表来体现简约原则。

3. 渲染原则

教学时仪态要自然、端庄大方，服饰要干净整洁和化一些淡妆，语言生动活泼、条理清晰，富于逻辑性，推理顺畅，表述准确，有较强的感染力，具有启发性，调动学生学习的主动性、积极性；备课充分，重点、难点突出，具有针对性，解决学生学习过程中的实际问题；合理应用各种表现手段，素材多样化，丰富多彩，生动活泼，新颖但不复杂，尽可能调动学生的眼、耳、手、脑、心、口、体等器官的认知能力，尽最大可能达到烘托和感染效果。

4. 导向原则

直播课堂不适于按章节平铺直叙，必须以导学为主，辅导于学习中，讲授难点、重点、答疑、解惑、析疑、期末复习串讲，多讲案例，多作点评，启发诱导，网络直播课堂的主讲教师要利用学生的好奇心和求知欲，引导学生学会学习，学会发现问题，学会解决问题的方法和途径。以提出问题为课堂主线，开发学生的思维，可以起到事半功倍的效果。

5. 共享原则

在浩瀚的网络资源海洋中，网络直播课堂应大量使用最新的学科动态，采用链接、下载、制作等方式，在时间有限的课堂上，把最新的学科前沿知识传授或者介绍给学生。

6. 自主原则

树立以"学生"为中心、以"自主学习"为核心的网上教学过程设计教学理念，建立起符合开放教育特点、适应学生远程个别化自主学习的网上教学过程模式。

7. 差异原则

满足学生在自主学习中的不同需求，照顾到学生需求的差异性，就必须提高直播课堂的针对性。应通过有效整合多种媒体给学生讲解知识，激发学生的积极性和主动性。

8. 服务原则

网络直播课堂教学的关键点是"媒介"和"交互"，核心是服务，良好的服务手段能够给予服务对象——学生以最大的精神满足感与愉悦感，有助于实现"以学生自主学习为中心"的目标。在课程安排方面，安排好直播课堂播出时间计划，尽可能在上学期结束前将下学期直播课堂播出时间公布到网上，方便学生和基层教学点。对于调整课程时，应提前在网上公布。除了不厌其烦地发出安民告示外，对按时接收的学生，采取激励手段，最大限度地多组织学生实时收听、收看。直播课堂除了采用以教学单位组织的形式授课外，还应该为学生提供"个别化"服务，提供技术支持服务，应用匹配的视频软件，经过身份验证，让学生在家或单位就可登录网络直播课堂，实时地了解直播课堂现场情况。

9. 创新原则

由于知识更新速度日新月异，社会不断地进步和发展，学科的前沿向前移动，教师本人教学经验的不断积累和丰富、水平的提高、学生对学习要求日益增长等因素，直播课堂的内容和水平不可能一劳永逸，既结合变化了的情况，也必须不断更新和创新。

（二）网络直播教学平台设计的基本思路

网络直播教学平台目前采用以下形式：实时单向直播；实时双向直播；将制作好的课件非实时单向直播；虚拟课堂和现实课堂相结合，进行远程直播到各教学点；直播单位课后将以上各类直播课堂的场景变成流媒体（三分屏）放入服务器，静态供学生点播或下载。针对不同的课程以及内容、授课对象、授课目的，可选择不同的形式。

教学设计可从四个方面的内容考虑：教学需求分析、确定教学目标、制定教学策略、进行教学评价。教学需求分析是教学设计的基础，教学目标的确定是根据社会对人才的需求、学生的特征及具体教学的学科内容来确定的，因此教学需求的分析必须以对学习需要、学习内容和学生的分析入手，搞清楚学生目前的学习水平与社会需要之间的差距。

网络直播教学平台中的课程设计不同于常规的面授课课程设计，除了具备面授课课程设计的要求外，还必须满足于远程教育的特征，创造师生处于准分离状态下的必要交流环境，因而网络直播教学课程设计必须兼顾教师有限的课堂教学时间和学生充分的自主学习两方面的需要。在设计网络直播教学课程的过程中，应考虑以下因素。

1. 课程选定

选择网络直播教学课程要对课程进行必要的筛选，由于直播教学课堂的特殊要求，不是所有的课程都适合以直播课程的方式进行，要认真分析哪种课程可以采用直播课堂方式，制订出开课计划。对于案例分析、辅导课程、讨论课程等需要互动的课程采用直播课堂效果会好些。

2. 教案编写

编写教案，不仅要立足于引导学生掌握教材基本内容，还应注意拓展学生的知识视野。在以教研室为单位进行集体备课的基础上，编写好教案，设计好问题，进行启发性的引导，开展必要的远程讨论，准备好对结论的论证材料。

3. 资源整合

在网络直播课的教案设计中，整合网上资源是非常重要的一项内容，教师必须采集与课程相关的文本素材、图像素材、音频素材、视频素材、动画素材等进行整合、串联、有机搭配、内容有效互补，形成丰富、多彩的电子教案，提供个性化的学习环境，在有限的教学时间里，最大限度地展示有效的教学资源，最大限度地为学生海量信息的获取提供有效的服务，体现网络教学资源的广泛性、丰富性、开放性和实时性。

4. 在线交互

由于基于网络环境下直播课堂的交互是异地同步或异步交互，交互环境和交互内容是影响学习者参与教学交互的主要因素。所以，网络直播课堂绝对不是面授课程的简单传递，要保证直播的效果，互动是十分重要的环节，尤其个性化互动。学习的开展和发展离不开与他人交互的环境，因为交互是人与生俱来的需要，也是教学的需要。

5. 虚拟仿真

在网络直播课堂中，若能将虚拟现实技术和仿真模拟结合起来，将是更高的要求、更大的优势，它既能创造出逼真的环境、场景，又可以模拟出不同条件下的现实情景，平时的学习和培训难以实现的现场，通过虚拟仿真得以实现。

6. 反馈机制

要有一套直播课堂的课程评价体系，从教学设计、视觉设计、语言设计、学习设计等方面来评判直播课堂的教学效果。通过专家和学生两个方面，对于现有课程的网上教学过程建立起科学的评价标准，并进行跟踪观察与定期评价，以便及时做出教学调整。

评价方式可以是多元的，如网上观察法、问卷调查法、教学检查、学生座谈、形成性考核、终结性考试等；评价内容可以是全方位的，如从支持服务各要素到支持服务体系，甚至到开放教育试点项目；评价角度可以是多样的，如学生上网学习记录，学生形成性考核成绩、终结性考试成绩，教师开展教学活动的效果、整体业务能力的考核等。

第四章　信息技术与课程整合

信息化是当今世界经济和社会发展的大趋势，以多媒体和网络技术为核心的信息技术已成为拓展人类能力的创造性工具。信息技术与课程整合是我国面向 21 世纪基础教育改革的新视点，是与传统的学科教学有着密切联系和继承性，又具有一定相对独立性特点的新型教学类型，对它的研究与实施将对发展学生主体性、创造性和培养学生创新精神及实践能力具有重要意义。

第一节　信息技术与课程整合概述

信息技术与课程结合意味着在已有课程的学习活动中结合使用信息技术，以便更好地完成课程任务、培养创新精神和培养实践能力，只有通过信息技术在各学科教学中的有效应用，真正实现信息技术与课程的有效整合并取得显著成效，才有可能促进教育的改革与发展。

一、信息技术与课程整合的发展历程

自从 1959 年美国 IBM 公司研发出第一个计算机辅助教学系统以来，信息技术与课程整合大体上经历了以下三个发展阶段。

1. CAI 阶段

CAI 阶段是从 20 世纪 50 年代末至 20 世纪 80 年代中后期，是信息技术教育应用的第一个发展阶段。该阶段主要是利用计算机的快速运算、图表动画和仿真等功能。辅助教师解决教学中的某些重点、难点，CAI 课件大多以演示为主。

2. CAL（Computer–Assisted Learning，计算机辅助学习）阶段

CAL 阶段是从 20 世纪 80 年代中后期至 20 世纪 90 年代中后期。该阶段逐渐从以教为主转向以学为主，也就是强调利用计算机作为辅助学生学习的工具。例如，用计算机帮助收集资料、辅导自学、讨论答疑、帮助安排学习计划等，即不仅用计算机辅助教师的教，更强调用计算机辅助学生的学。

3.ITTC（Integrating Information Technology into the Curriculum，计算机与课程整合）

阶段）

ITTC 阶段是从 20 世纪 90 年代中后期开始的，该阶段不仅将以计算机为核心的信息技术用于辅助教和辅助学，而且强调要利用信息技术创建理想的学习环境、全新的学习方式和教学方式，从而彻底改变传统的教学结构与教育本质。

二、信息技术与课程整合的含义

信息技术是指信息产生、加工、传递、利用的方法和技术。信息技术包括计算机技术、网络技术、微电子技术、通信技术等。信息技术条件下的教学手段以多媒体计算机和网络为代表。整合是指一个系统内各要素的整体协调、相互渗透，使系统各要素发挥最大作用。信息技术与课程整合就是在各学科教学中，有效地使用信息技术，达到提高教学质量和学习效率的目的。

目前，对于信息技术与课程整合概念的界定，不同的研究者从不同的角度提出了各自的看法，主要有以下几种观点。

华南师范大学李克东教授认为：信息技术与课程整合是指在教学过程中，把信息技术、信息资源、信息方法、人力资源和课程内容有机结合，共同完成课程教学任务的一种新型的教学方式。整合的三个基本点：一是要在多媒体和网络为基础的信息化环境中实施课程教学活动；二是对课程教学内容进行信息化处理后成为学习者的学习资源；三是利用信息化加工工具让学生进行知识重构。

北京师范大学何克抗教授认为，所谓信息技术与学科课程的整合，就是通过将信息技术有效融合于各学科的教学过程来营造一种新型教学环境，实现一种既能发挥教师主导作用又能充分体现学生主体地位的以"自主、探究、合作"为特征的教与学方式，从而把学生的主动性、积极性、创造性充分地发挥出来，使传统的以教师为中心的课堂教学结构发生根本性变革，从而使学生的创造精神与实践能力的培养真正落到实处。整合的三个基本属性：营造新型教学环境、实现新的教与学方式、变革传统教学结构。

三、信息技术与课程整合的特点

信息技术与课程整合的最基本特征：有先进的教育思想、有教学理论的指导、学科交叉性和立足于能力的培养。具体表现在以下几个方面。

1. 任务驱动式的教学过程

信息技术与课程整合以各种各样的主题任务进行驱动教学，有意识地开展信息技术与其他学科（甚至多学科）相联系的横向综合的教学。例如，目前的网络游戏，刚进去玩时，系统一般都会提供一系列的新手任务，当你完成这些新手任务后，该游戏的基本操作你也就基本学会了，可以说这也是教育技术在游戏中的体现。所以，学生在完成任务的同时，也就完成了学习目标所要求掌握的知识和技能。

2. 信息技术作为教师、学生的基本认知工具

在信息技术与课程整合中，强调信息技术服务于学科的内在需求，服务于具体的任务。信息技术作为认知工具主要有以下几个方面的作用：作为课程学习的资源工具；作为情境探究和发现的学习工具；作为协商学习和交流讨论的通信工具；作为知识构建和创作的实践工具；作为自我评价和学习的反馈工具，通过信息技术与课程整合，可以将信息技术恰当地融入课程的教学与学习中去，成为教师和学生的基本认知工具。

3. 能力培养和知识学习相结合的教学目标

信息技术与课程整合要求学生学习的重心不再仅仅放在学会知识上，而是转到学会学习、掌握方法和培养能力上，包括培养学生的信息素养。强调能力的培养也是我国新课程改革的重中之重，就是要求教师在教会学生知识的同时注重学生能力的培养，所以现在的新课程改革的教材和示范课有些内容或程序显得多此一举，但其实这都是学生能力培养所必要的、必需的，这也需要广大教育工作者的认真落实。

4. "教师为主导、学生为主体"的教学结构

在信息技术与课程整合的教学结构中，强调学生的主体性，要求充分发挥学生在学习过程中的主动性、积极性和创造性。学生被看作知识建构过程的积极参与者，学习的各项任务和目标都需要靠学生主动、有目的地获取材料来完成和实现。教师是教学过程的组织者、指导者、促进者和咨询者，教师的主导作用可以使教学过程更加优化，是教学活动的重要组成部分。

5. 个别化学习和协作学习的和谐统一

信息技术能够为我们提供一个开放性的实践平台，使每位学生在这个平台上可以采用不同的方法、工具来完成同一个任务。这种专一化教学策略对于培养学生的主动性和进行因人而异的学习是很有帮助的。社会化大生产的发展，要求人们具有协同工作的精神。除此之外，还有一些高级认知任务，如复杂问题的解决、作品评价等，都要求多个学生能对同一问题发表不同的观点，协同完成任务。

四、信息技术与课程整合的目标与原则

信息技术与课程整合强调信息技术要服务课程，应用于教育，其出发点首先应当是课程，而不是技术，强调应当设法找出信息技术在哪些地方能增强学习的效果，能使学生完成那些用其他方法难以做到的事，在高水平地完成既定的课程教学目标的同时，获取信息技术技能以及解决实际问题的技能。

（一）信息技术与课程整合的目标

信息技术与课程整合不是教师的个人行为，而是网络时代教育改革、发展的必然要求。基于信息时代教育变革的这一契机，信息技术与课程整合的目标必然是多元化的，主要有以下几个方面。

1. 培养学生终身学习的态度和能力

学习资源的全球共享、虚拟课堂、虚拟学校的出现，现代远程教育的兴起，人们可以随时随地通过互联网进行学习，使学习空间变得无界限。教育信息化还为人们从接受一次性教育向终身学习转变提供了机遇和条件。终身学习就是要求学习者能根据社会和工作的需求，确定继续学习的目标，并有意识地自我计划、自我管理、自主努力，通过多种途径实现学习目标的过程。

要实现终身教育和终身学习，教育必须进行深刻的变革，要使教学个性化、学习自主化、作业协同化；要把培养学生学会学习，培养学生具有终身学习的态度和能力作为培养目标。

2. 培养学生具有良好的信息素养

教育信息化为终身学习带来了机遇，但只有学生具备良好的信息素养，才能把终身学习看成自己的责任，才能利用信息技术促进自身的学习。信息技术与课程整合正是培养学生形成所有这些必备技能和素养的有效途径。

其需具备信息意识与情感、信息道德、信息科学知识和信息能力四个方面。

（1）信息意识与情感。信息意识是整个信息素养的前提，是指个体对信息的敏感度。这要求个体具有敏锐的感受力和注意力，能够意识到信息的作用，对信息有积极的内在需求。作为信息素养的重要组成部分，"信息意识"包括敢用与想用两个方面；而信息情感则更加偏向于对使用信息技术的态度和兴趣方面。

（2）信息道德。信息道德是把握个体信息素养的方向，在信息活动中不得危害社会或侵犯他人的合法权益。

（3）信息科学知识。信息科学知识是个体具有信息素养的基础，是指对信息学的了解和对信源以及信息工具方面和知识的掌握。

（4）信息能力。信息能力从狭义上来说，是指个体对信息系统的使用以及获取、分析、加工、评价、创造新信息、传递信息的能力；从广义上来讲，除了上述能力以外，还应该包含语言能力、思维能力、观察能力、判断能力等间接能力。广义上所讲的间接能力是在对信息的收集、加工、评价、创造和传递信息的全过程中间接地表现出来，并起着必不可少的支持作用。

3. 培养学生掌握信息时代的学习方式

在信息化学习环境中，人们的学习方式发生了重要的变化。信息技术与课程整合，其实质就是要让学生学会数字化学习。数字化学习具有三个要素：数字化学习环境、数字化学习资源和数字化学习方式。学习者的学习不是依赖教师的讲授与课本的学习，而是利用信息化平台和数字化资源，教师、学生之间开展协商讨论、合作学习，并通过对资源的收集利用、探究知识、发现知识、创造知识、展示知识的方式进行学习。因此，通过信息技术与课程整合，要使学生掌握以下几点信息时代的学习方式。

（1）会利用数字化资源进行学习。

（2）学会在数字化情境中进行自主学习。

（3）学会利用网络通信工具进行协商交流、合作讨论式的学习。

（4）学会利用信息加工工具和创作平台，进行实践创造的学习。

（二）信息技术与课程整合的原则

信息技术与课程整合，是将信息技术有机融合在各学科教学过程中。但整合不等于混合，在利用信息技术之前，教师要清楚信息技术的优势和不足，并了解学科教学的需求。在整合过程中，教师要设法找出信息技术在哪些地方能提高学习效果，从而使学生用信息技术来完成那些用其他方法做不到或做得不好的学习任务。

1. 运用适合的学习理论指导课程整合的实践

现代学习理论为信息技术与课程整合奠定了坚实的理论基础，在教与学层面上，每一种理论都具有其正确性的一面。但是，在教学实践中，没有一种理论具有普适性，无论哪一个理论都不能替代其他理论而成为唯一的指导理论。

行为主义学习理论，在对需要机械地记忆知识或操练和训练教学目标的学习中凸显出来。

认知主义学习理论的指导作用，则主要体现在激发学生的学习兴趣、控制和保持学生的学习动机。

建构主义学习理论，提倡给学生提供建构理解所需要的环境和广阔的建构空间，让学生自主、发现式地学习。如利用信息技术进行适当的内容重复，帮助学生记忆知识。通过信息技术设置情境，让学生便于意义建构。

2. 根据学科特点构建整合的教学方法

每个学科都有其固有的知识结构和学科特点，它们对学生的要求也是不同的。

语言教学是培养学生应用语言的能力，主要训练学生在不同的场合，正确、流利地表达自己，以及更好地与别人交流的能力。

数学属于逻辑经验学科，主要由概念、公式、定理、法则以及应用问题组成，教学的重点应该放在开发学生的认知潜能上。

物理和化学，则是与人们的生产、生活密切相关的学科，在教学中，要加强学生的观察能力、解决问题能力和做实验能力的培养。

如果需要培养学生的操作能力，那么用计算机的模拟实验全部代替学生的动手实验，将会违背学科的特点，背离对学生动手能力的培养的教学目标。

3. 根据教学对象选择整合策略

信息技术与课程整合应该根据不同的教学对象，实施多样性、多元化和多层次的整合策略。对于学习类型和思维类型不同的人来说，他们所处的学习环境和所选择的学习方法将直接影响其学习效果。如有的学生不能主动地对外来信息进行加工，喜欢有人际交流的学习环境,需要明确的指导和讲授。而有的学生在认知活动中,则更愿意独立学习,进行个人钻研,更能适应结构松散的教学方法或个别化的学习环境。

五、信息技术与课程整合的方法

（一）信息技术与课程整合的基本要求

信息技术与课程整合是一种信息化的学习方式,其根本宗旨是要培养学习者能够在信息化的环境中,利用信息技术完成课程学习的目标并学会终身学习的本领。因此,学校信息技术与课程整合的组织教学模式和策略的研究十分重要。信息技术与课程整合,应符合以下基本要求。

（1）学习是以学生为中心的,学习是个性化,能满足个体需要的。

（2）学习是以问题或主题为中心的。

（3）学习过程是进行通信交流的,学习者之间是协商的、合作的。

（4）学习是具有创造性和生产性的。

（二）信息技术与课程整合的策略

为了达到上述提到的信息技术与课程整合的基本要求,信息技术与课程整合的基本策略必须包括以下几个方面。

（1）利用信息化学习环境和资源创设情境（包括自然、社会、文化、各种问题情境以及虚拟实验环境）,培养学生的观察、思维能力。

（2）利用信息化学习环境和资源,借助人机交互技术和参数处理技术,建立虚拟学习环境,培养学生积极参与、不断探索的精神和科学的研究。

（3）利用信息化学习环境和资源,组织协商活动,培养合作学习精神。

（4）利用信息化学习环境和资源,创造机会,让学生运用语言、文字表述观点、思想,形成个性化的知识结构。

（5）利用信息化学习环境和资源,借助信息工具平台,尝试创造性实践,培养学生信息加工处理和表达交流能力。

（6）利用信息化学习环境和资源,提供学习者自我评价反馈的平台。通过形成性练习、作品评价方式获得学习反馈,调整学习的起点和路径。

第二节　信息技术与课程整合的理论

信息技术与课程整合是信息技术教育应用发展的新历史阶段,也是教育教学领域的一场深刻革命,更是深化学科教学改革的根本途径。但是如果信息技术与课程整合不能在科学理论指导下进行，有效的整合是难以实现的。我们认为，建构主义理论、多元智能理论和混合式学习理论对目前指导信息技术与课程整合实践活动具有重要的理论指导意义。

一、建构主义学习理论

虽然一般认为，建构主义的理论基础是在半个世纪以前由皮亚杰和维果斯基等学者奠定的，但是这种理论开始在世界流行，并产生日益扩大的影响，还是 20 世纪 90 年代以后的事情。建构主义之所以在当代兴起是与多媒体与网络技术（尤其是 Internet）的逐步普及密切相关的。正是多媒体与网络技术为建构主义所倡导的理想学习环境提供了强大的物质支持并使之得以实现，才使建构主义理论走出心理学家的"象牙塔"，开始进入各级各类学校的课堂，成为支持多媒体与网络教学以及"信息技术与学科课程整合"的重要理论基础。

（一）建构主义理论概述

当今建构主义的一些基本思想实际上并非全新的观点，其中的很多思想都有深厚的哲学和心理学基础。早在 18 世纪文艺复兴时期，意大利哲学家、人文主义者詹巴蒂斯塔·维科在他的《新科学》一书中就明确提出了"建构"的思想，指出人们只能清晰地理解他们自己建构的一切。但是真正对建构主义思想的形成、发展产生深远和深刻影响的当属瑞士心理学家皮亚杰和苏联心理学家维果斯基。

皮亚杰是认知发展领域最有影响的一位心理学家，他所创立的关于儿童认知发展的学派被人们称为"日内瓦学派"。皮亚杰的理论充满唯物辩证法，他坚持从内因和外因相互作用的观点来研究儿童的认知发展。他认为，儿童是在与周围环境相互作用的过程中，逐步建构起关于外部世界的知识，从而使自身认知结构得到发展。儿童与环境的相互作用涉及两个基本过程——同化与顺应。同化是指把外部环境中的有关信息吸收进来并结合到儿童已有的认知结构（也称"图式"）中，即个体把外界刺激所提供的信息整合到自己原有认知结构内的过程；顺应是指外部环境发生变化，而原有认知结构无法认同新环境提供的信息时所引起的儿童认知结构发生重组与改造的过程，即个体的认知结构因外部刺激的影响而发生改变的过程。可见，同化是认知结构数量的扩充（图式扩充），而顺应则是认知结构性质的改变（图式改变）。认知个体（儿童）就是通过同化与顺应这两种形式来达到与周围环境的平衡：当儿童能用现有图式去同化新信息时，他处于一种平衡的认知状态；而当现有图式不能同化新信息时，平衡即被破坏，而修改或创造新图式（顺应）的过程就是寻找新的平衡的过程。儿童的认知结构就是通过同化与顺应过程逐步建构起来，并在"平衡—不平衡—新的平衡"的循环不断丰富、提高和发展。这就是皮亚杰关于建构主义的基本观点。

在皮亚杰建构主义理论的基础上，科尔伯格在认知结构的性质与发展条件等方面做了进一步的研究；斯腾伯格和卡茨等人则强调个体的主动性在建构认知结构过程中的关键作用，并对认知过程中如何发挥个体的主动性做了认真探索；维果斯基创立的"文化历史发展理论"则强调认知过程中学习者所处社会文化历史背景的作用，在此基础上以维果斯基为首的维列鲁学派深入研究了"活动"和"社会交往"在人的心理机能发展中的重要作用。这些研究都使建构主义理论得到进一步的丰富和完善，为其实际应用于教学过程创造了条件。

国外对建构主义思想的集中研究始于 20 世纪 80 年代后期。1989 年年末，美国乔治亚大学教育学院邀请国内研究建构主义的若干著名学者围绕"教育中的新认识论"问题组织讨论，从不同角度对传统认识论提出质疑，并由此形成了有关认识与学习的六种不同的建构主义流派：激进建构主义、社会建构主义、社会文化认知观、社会建构论、信息加工建构主义和控制论系统观。尽管建构主义流派纷呈，但总体上它们是与客观主义相对立的一种认识论，其最核心的观点是：人类的知识是主观建构的而不是客观存在继而被发现的。

（二）建构主义学与教的理论

建构主义学习理论强调以学生为中心，不仅要求学生由外部刺激的被动接受者和知识的灌输对象转变为信息加工的主体、知识意义的主动建构者，而且要求教师由知识的传授者、灌输者转变为学生主动建构意义的帮助者、促进者和引导者。可见在建构主义学习环境下，教师和学生的地位、作用和传统教学相比已发生了很大转变。

1. 关于学习的含义

建构主义学习理论认为，知识不是通过教师传授得到的，而是学习者在一定的情境即社会文化背景下，借助教师和学习伙伴等其他人的帮助，即通过人际间的协作活动，利用必要的学习资料，通过意义建构的方式而获得的。"情境""协作""会话""意义建构"是学习环境中的四大要素。学习中的"情境"必须有利于学生对所学内容的意义建构；"协作"发生在学习过程的始终；"会话"是协作过程中不可缺少的环节；"意义建构"是整个学习过程的最终目标。由于学习是在一定的情境即社会文化背景下，借助其他人的帮助即通过人际间的协作活动而实现的意义建构过程，因此建构主义学习理论认为"情境""协作""会话"和"意义建构"是学习环境中的四大要素或四大属性。

（1）情境。学习环境中的情境必须有利于学生对所学内容的意义建构。这就对教学设计提出了新的要求，也就是说，在建构主义学习环境下，教学设计不仅要考虑教学目标分析，还要考虑有利于促进学生意义建构的情境创设问题，并把情境创设看作教学目标的重要内容之一。

（2）协作。协作发生在学习过程的始终。协作对学习资料的收集与分析、假设的提出与验证、学习成果的评价直至意义的最终建构均有重要作用。

（3）会话。会话是协作过程中不可缺少的环节。学习小组成员之间必须通过会话商讨如何完成规定的学习任务和计划。此外，协作学习过程也是会话过程，在此过程中，每个学习者的思维成果（智慧）为整个学习群体所共享，因此会话是意义建构的重要手段之一。

（4）意义建构。这是整个学习过程的最终目标。所谓建构的意义是指事物的性质、规律及事物之间的内在联系。在学习过程中帮助学生建构意义就是要帮助学生对当前学习内容所反映的事物的性质、规律，以及该事物与其他事物之间的内在联系有较深刻的理解。这种理解在大脑中的长期存储形式就是前面提到的"图式"，也就是关于当前所学内容的认知结构。

由以上所述的"学习"的含义可知，学习的质量是学习者建构意义能力的函数，而不是学习者重现教师教学过程能力的函数。换句话说，获得知识的多少取决于学习者根据自身经验去建构有关知识意义的能力，而不取决于学习者记忆和背诵教师讲授内容的能力。

2. 关于学习的方法

建构主义学习理论提倡在教师指导下的、以学习者为中心的学习，也就是说既强调学习者的认知主体作用，又不忽视教师的指导作用，教师是意义建构的帮助者、促进者，而不只是传授者和灌输者，学生是信息加工的主体，是意义的主动建构者，而不是外部刺激的被动接受者。

学生要成为意义的主动建构者，就要求学生在学习过程中从以下三个方面发挥主体作用：

（1）要用探索法、发现法去建构知识的意义；

（2）在建构意义过程中要求学生主动去收集并分析有关的信息和资料，对所学习的问题要提出各种假设并努力加以验证；

（3）要把当前学习内容所反映的事物尽量和自己已经知道的事物相联系，并对这种联系加以认真的思考。

教师要成为学生建构意义的帮助者，就要求教师在教学过程中从以下三方面发挥指导作用：

（1）激发学生的学习兴趣，帮助学生形成学习动机；

（2）通过创设符合教学内容要求的情境和提示新旧知识之间联系的线索，帮助学生理解当前所学知识的意义；

（3）为了使意义建构更有效，教师应在可能的条件下组织协作学习，并对协作学习过程进行引导，使之朝着有利于意义建构的方向发展。

3. 建构主义学习理论的主要观点

建构主义在知识观、学生观和学习观等方面提出了一系列新的解释，对当前的教学改革具有重要的启发意义。

（1）建构主义的知识观。建构主义在一定程度上，对知识的客观性和确定性提出了质疑。建构主义者（特别是其中的激进者）一般强调，知识并不是对现实的准确表征，它只是一种解释、一种假设，它并不是问题的最终答案，相反，它会随着人类的进步而不断地被"删除"掉，并随之出现新的假设；而且，知识并不能精确地概括世界的法则，在具体问题中，我们并不是拿来便用，一用就灵，而是需要针对具体情境进行再创造。因此，教师并不是什么知识的"权威"，课本也不是解释现实的"模板"。另外，建构主义认为，知识不可能以实体的形式存在于具体的个体之外，尽管我们通过语言符号赋予了知识一定的外在形式，甚至这些命题还得到了较普遍的认可，但这并不意味着学习者会对这些命题有同样的理解，因为这些理解只能由个体学习者基于自己的经验背景而建构起来，这取决于特定情境下的学习历程。总之，尽管建构主义有不同倾向，但它们都以不同的方式，在某种程度上对知识的客观性、可靠性和确定性提出了质疑，尽管这种知识观过于激进，但它向传统的教学和课程理论提出了巨大挑战，使我们对知识的本质有了更多的了解。

（2）建构主义的学生观。建构主义强调学生经验世界的丰富性，强调儿童的巨大潜能。在日常生活和以往的学习中，他们已经形成了丰富的经验，小到身边的衣食住行，大到宇宙、星体的运行，从自然现象到社会生活，他们都有一些自己的看法。有些问题即便他们还没有接触过，没有现成的经验，但当问题一旦呈现在面前时，他们往往也可以基于相关的经验，依靠他们的认知能力（理智），形成对问题的某种解释，这并不都是胡乱猜测，而是从他们的经验背景出发而做出的合乎逻辑的假设。

建构主义者强调学生体验世界的差异性，每个人在自己的活动和交往中都形成了自己的个性化的、独特性的经验，每个人都有自己的兴趣和认知风格，所以，在具体问题面前，每个人都会基于自己的经验背景，从而形成自己的理解，每个人的理解往往都着眼于问题的不同方面。

教学不能无视学生的先前经验，一味从外部引进新知识，而是要把学生现有的知识经验作为新知识的生长点，引导他们从原有的知识经验中"生长"出新的知识经验。教学不是知识的传递（transmission），而是知识的处理（transaction）和转换（transformation）。教师不单单是知识的传授者，他应该重视学生自己对各种现象的理解，倾听学生现在的想法，洞察学生这些想法的由来，以此为根据，引导学生丰富或调整自己的理解。这不是简单的"告诉"就能奏效的，而是需要与学生共同针对某些问题进行探索，并在此过程中相互交流和质疑，了解彼此的想法，彼此做出某些调整。由于经验背景的差异，学习者对问题的理解常常不同，学习者可以在一个学习社群之中相互沟通、相互合作，形成对问题的丰富的、多角度的理解。因此，学习者的差异本身便构成了一种宝贵的学习资源。

（3）学习的建构性。建构主义认为，学习不是教师向学生传递知识，而是学生建构知识的过程。学习者不是被动的信息吸收者；相反，他们要主动地建构信息的意义，这种建构不可能由其他人代替。建构主义充分强调了学习的主动性，强调了学习者以原有知识经验为基础所进行的意义建构，这是当前学习理论的一种重要倾向。

什么是建构呢？"建构"本来用于建筑或木器加工中，指为了某种目的而把已有的零件、材料制成某种结构。在这里，建构在于学习者通过新旧知识经验之间的反复的、双向的相互作用来形成和调整自己的经验结构。在这种建构过程中，一方面，学习者对当前信息的理解需要以原有的知识经验为基础，超越外部信息本身；另一方面，对原有知识经验的运用又不只是简单地提取和套用，个体同时需要依据新经验对原有经验本身也做出某种调整和改造，从而实现知识的内化。

学习的实质是学习者通过新旧知识经验之间的双向的相互作用来形成、充实或改造自己的经验体系的过程。这种观点与以往的学习理论有所不同。学习是个体建构自己知识的过程，这意味着学习是主动的，学习者不是被动的接受者，他们要对外部信息进行主动的选择和加工，因而不是行为主义所描述的 S-R 过程。而且，知识或意义也不是简单地由外部信息决定的，意义是学习者通过新旧知识经验间反复、双向的相互作用过程而建构成的。其中，每个学习者都以自己原有的经验系统为基础对新的信息进行编码，建构自己的理解，而且，原有知识又因为新经验的进入而发生调整和改变，所以学习并不单是信息的量的积累，它同时包含由于新旧经验的冲突而引发的观念转变和结构重组；学习过程并不单是信息的输入、存储和提取，而是新旧经验之间的双向的相互作用过程。因此，建构主义又与认知主义的信息加工论有所不同。

（4）协作与会话。以往的学习理论主要研究的是"个体化"的学习，即学习是在个体身上发生的、以个体活动形式完成的。受维果斯基的影响，建构主义者强调社会性互动（协作、讨论、协商、争辩等）在学习中的重要意义，可以说，这也是学习理论的一种重要意义。

建构主义认为，每个学习者都有自己的经验世界，不同的学习者可以对某种问题形成不同的假设和推论，而学习者可以通过相互沟通和交流，相互争辩和讨论，合作完成一定的任务，共同解决问题，从而形成更丰富、更灵活的理解。同时，学习者可以与教师、学科专家等展开充分的沟通。这种社会性相互作用可以为知识建构创设一个广泛的学习社群（learningcommunity），从而为知识建构提供丰富的资源和积极的支持。

（5）学习的情境性。传统教学对学习基本持"去情境"的观点，认为知识一旦从具体情境中抽象出来，成为概括性的知识，它就具有了与情境的一致性，反映了具体情境的"本质"。因此，对这些概括性知识的学习可以独立于现场情境而进行，而学习的结果可以自然地迁移到各种真实情境中。然而，情境总是具体的、千变万化的，各种具体情境之间并没有完善普适的法则。因此，抽象概念、规则地学习往往无法灵活适应具体情境的变化，学习者常常难以用学校获得的知识解决现实世界中的问题。

布朗（J. S. Brown）等提出了"情境性学习"（Situated Learning）的概念。他们认为，传统教学暗含了这样一种假定，即概念性的知识可以从情境中抽象出来，因此概念表征成了教学的中心。而实际上，这种假定恰恰极大限制了教学的有效性。他们认为，在非概念水平上，活动和感知比概括化具有更为重要的认识意义上的优越性，所以人们应当把更多的注意力放在具体情境的活动和感知上。布朗等人提出了"认知学徒制"（Cognitive Apprentice-ship），试图借鉴某些行业中师傅带徒弟的有效传艺活动，通过一些与这种传艺方式相类似的活动和社会交往形式，使学生适应真实的实践活动。他主张通过在真正的现场活动中获取、发展和使用认知工具，来进行特定领域的学习，强调要把学习者和实践世界联系起来。可以说，情境性学习的观点突出了学习的具体性和非结构性的一面，这是对布鲁纳等结构主义观点的扬弃。

与情境性学习相一致，建构主义者在教学中强调把所学的知识与一定的真实任务（Authentic Dask）情境挂起钩来，比如医学中的具体病理、经营管理中的实际案例等，让学生合作解决情境性的问题。情境性教学具有以下特点：首先，学习的任务情境应与现实情境相类似，以解决学生在现实生活中遇到的问题为目标。学习的内容要选择真实性任务，不能对其做过于简单化的处理，使其远离现实的问题情境。由于具体问题往往都同时与多个概念理论相关，所以，研究者主张弱化学科界限，强调学科间的交叉。其次，教学的过程与现实的问题解决过程相类似，所需要的工具、资料往往隐藏于情境当中，教师并不是将提前已准备好的内容教给学生，而是在课堂上展示出与现实中专家解决问题相类似的探索过程，提供解决问题的范式，并指导学生的探索。最后，情境性教学需要进行与学习过程相一致的情境化的评估（Context-driven Evaluation），或者融合于教学过程之中的测验的融合式测验（Integrated Test），在学习中对具体问题的解决过程本身就反映了学习的效果。

4. 建构主义的教学观

从建构主义学习观引申出来的教学原则强调教学不单单是把知识经验装进学生的头脑，而是要通过激发和挑战其原有知识经验，提供有效的引导、支持和环境，帮助学生在原有知识经验的基础上建构起新的知识经验。不同于基于行为主义和认知主义的教学，基于建构主义学习理论的教学具有以下特点：

（1）设计真实、复杂的任务或问题；

（2）提供方法的引导和支持；

（3）创设开放、内容丰富的、具有挑战性的学习环境；

（4）创建互动、合作的学习共同体；

（5）强调整体性教学。

由上可见，建构主义的教学方法尽管有多种不同的形式，但是又有其共性，即它们的教学环节中都包含有情境创设、协作学习，在协作、讨论过程中当然还包含"对话"，并在此基础上由学习者自身最终完成对所学知识的意义建构。

综上所述，建构主义强调知识的动态性，强调学习者经验世界的丰富性和差异性，强调学习的建构性、社会性和情境性。当然，以上各种倾向变化并不是机械的、绝对化的，而是在处理学习活动中的各种矛盾关系时所出现的重心变化。在批判传统教学观的弊端时，建构主义在一些方面也走向了极端。但它强调知识的动态性，强调学习是一个主动建构的过程，强调学习的社会性和情境性，试图实现学习的广泛而灵活的迁移，这些观点对转变教学观念、改革传统教学具有重大意义。基于这些观点，建构主义者提出了一系列具有建构性特征的教学模式，如抛锚式教学模式、支架式教学模式、随机通达式教学模式、基于问题的学习（Problem-Based Learning）和基于项目的教学（Project-Based Instruc-tion）等。

建构性学习和教学旨在使学习者对知识形成真正的、深层的、灵活的理解，为此，教师需要就学习内容设计出有思考价值的、有意义的问题，引导学生通过不懈的概括、分析、推论、假设、检验等高级思维活动，来建构起与此相关的知识。在此过程中，教师要更多地帮助学习者对自己的学习策略、理解状况，以及见解的合理性等进行监视和调节。为了促进学习者的知识建构，教师要创设平等、自由、相互接纳的学习气氛，在教师与学生以及学生与学生之间展开充分的交流、讨论、争辩和合作，教师要耐心地聆听学生的想法，以便提供有针对性的引导。此外，教师要为学生设计情境性的、多样化的学习情境，要帮助学生利用各种有力的建构工具来促进自己的知识建构活动。建构性教学更可能突破传统教学的局限，一方面使学生建构起真正、灵活的知识体系，提高自主性和批判性，另一方面也可以促进他们解决问题能力的发展，并在问题的发现与解决中不断发展他们的求知欲和求知能力。在这样的视野之下，现代教育技术所能提供的不仅是传输信息的媒体，而且是促进学生认知建构的思维工具，是一个促进合作性知识建构的、动态的、开放的学习环境和学习平台。

二、多元智能理论

多元智能理论是目前在世界教育领域被广泛传播并对当前各国教育改革产生重要影响的理论。该理论之所以能够在国际教育界得到迅速而广泛的传播和接受，一个重要原因在于它的基本思想符合当前教育改革的主导思想，为帮助教育实践者进一步充分认识和发挥每个学生的潜在能力，提供了一个新颖、有力的理论依据。现代信息技术不仅为信息技术与课程整合的开展提供了基础，同时也为学生多元化的发展提供了有力支持。

（一）多元智能简介

霍华德·加德纳（Dr. Gardner）对人类认知能力的发展进行了多年研究，他认为人的智能是多元的。在1983年出版的《智力的结构：多元智能理论》一书中，加德纳定义了最初的七种智能，1996年，他又增加了一种智能——自然观察者智能，两年后，又讨论了第九种智能（存在智能）存在的可能性。下面，我们来了解一下加德纳提出的九种智能的主要内涵。

1．言语／语言智能（Verbal/Linguistic Intelligence）

言语／语言智能包括各种和语言相关的形式：听、说、读、写和交流的能力，指人对语言的掌握和灵活运用的能力，表现为能顺利而有效地利用语言描述事件、表达思想并与他人交流。演说家、律师等都是语言智能较高的人。

2．逻辑／数理智能（Logical/Mathematicalintelligence）

逻辑／数理智能指的是对逻辑结构关系的理解、推理、思维表达能力，主要表现为个人对事物间各种关系，如类比、对比、因果和逻辑等关系的敏感，以及通过数理进行运算和逻辑推理等。科学家、数学家或逻辑学家就是此类智能高的人。

3．视觉／空间关系智能（Visual/Spatialintelligence）

视觉／空间智能指的是人对色彩、形状、空间位置等要素的准确感受和表达能力，表现为个人对线条、形状、结构、色彩和空间关系的敏感，以及通过图形将它们表现出来的能力，如海员和飞机导航员控制着巨大的空间世界，棋手和雕刻家具有表现空间世界的能力。空间智能可用于艺术或科学中，如果一个人空间智能高且倾向于艺术，就可能成为画家、雕刻家或建筑师。

4．音乐／节奏智能（Musical/Rhythmic Intelligence）

音乐／节奏智能指的是个人感受、辨别、记忆、表达音乐的能力，表现为个人对节奏、音调、音色和旋律的理解，以及通过作曲、演奏、歌唱等形式来表达自己的思想或情感。这种智能在作曲家、歌唱家、演奏家等人身上表现得特别明显。

5．身体／运动智能（Bodily/Kinesthetic Intelligence）

身体／运动智能指的是人身体的协调、平衡能力和力量、速度、灵活性等，表现为用身体表达思想感情的能力和动手的能力，最突出的就是从事体操或表演艺术的人。

6．人际交往智能（Interpersonal Intelligence）

人际交往智能指的是对他人的表情、说话、手势动作的分析理解，以及对此做出有效反应的能力，表现为个人觉察、体验他人的情绪、情感并做出适当的反应。对于教师、临床医生、推销员或政治家来说，这种智能尤为重要。

7．内省智能（Intrapersonal Intelligence）

内省智能指的是个体认识、洞察和反省自身的能力，表现为个人能较好地意识和评价自身的动机、情绪、个性等，并且有意识地运用这些信息去调节自己生活的能力。这种智能在哲学家、小说家、律师等人身上有比较突出的表现。

8．自然观察者智能（Naturalist Intelligence）

自然观察者智能指的是人们辨别生物（植物和动物）以及对自然世界（云朵、石头等）的其他特征敏感的能力。这种智能在人类进化过程中显然是很有价值的，如狩猎、采集和种植等，同时这种智能在植物学家和厨师身上有重要的体现。

9. 存在智能（Existence Intelligence）

具有陈述、思考有关生与死、身体与心理世界的最终命运的倾向性。如人为何要到地球上来，在人类出现之前地球是怎样的，在另外的星球上生命是怎样的，以及动物之间是否能相互理解等。

加德纳认为，传统的教育比较重视前两个方面的智能，但实际上每个学生都在不同程度地拥有上述九种基本智能，智能之间的不同组合表现出个体间的智能差异，因此应该平等关注每个学生。教育的起点不在于一个人有多么聪明，而在于怎样变得聪明，在哪些方面变得聪明。教育不是为了发现谁是学习的无能者，而是要发挥学生的潜能。加德纳认为，智能并非像传统智能定义所说的那样是以语言、数理或逻辑推理等能力为核心的，也并非以此作为衡量智能水平高低的唯一标准，而是以能否解决实际生活中的问题和创造出社会所需要的有效的产品的能力为核心的，这也是衡量智能高低的标准。因此，智能是个体解决实际问题的能力和生产出或创造出具有社会价值的有效产品的能力。为此，加德纳承认每个人都或多或少拥有这九种多元智能，这九种智能代表了每个人不同的潜能，这些潜能只有在特定的情境中才能充分地发挥出来。这一全新的智能理论对于学校教育具有重要的意义。

（二）多元智能理论的要点

加德纳除了论述多元智能及其理论框架之外，还对多元智能的本质特点等进行了论述。

1. 每个人都同时拥有这九种智能

多元智能理论不是一个"类型理论"，即确定某人的智能符合哪一种智能类型，而是一个认知功能理论。此理论提出每个人在九种智能方面都具有潜质。当然，这九种智能以多种方式起作用，但对每个人而言，作用方式是独特的。个别人似乎在所有智能或大部分智能方面处于极高水平，如德国诗人、政治家、科学家、自然观察家、哲学家歌德。另外一些人，如那些特殊机构中的、在发展过程中致残的人，看起来几乎丧失了除基本智能外的大部分智能。大多数人只是介于这两个极端之间——某些智能方面有较高的发展，某些智能方面适度发展，剩下的智能方面则未开发。

2. 大多数人是有可能将任何一种智能发展到令人满意的水平的

虽然个体可能会抱怨自己在某一指定领域缺乏能力，并会认为是天生的、不可改变的，而加德纳却认为如果给予适当的鼓励，提供一定的环境与指导，实际上每个人都有能力将所有九种智能发展到一个相当高的水平。

3. 这些智能之间通常以复杂的方式共同起作用

加德纳指出，以上所描述的每一种智能实际上都是一个"虚构故事"，即在生命中智能本身并不存在（但极少数情况下，可在专家或脑损伤的个体身体上体现）。这些智能间通常是相互作用的。当一个孩子在踢球时，他需要身体／运动智能（跑、踢、投）、空间智能（在球场中找到自己的位置，并预测球飞来的轨道）及言语／语言智能和人际交往智能（在比赛的某次争执中，成功地争到1分）。出于认清每种智能的重要特征、学习如何有效地运用这些智能的目的，多元智能理论中所包括的各种智能已经超越了具体背景。我们必须注意的是，在完成对于智能形式的研究之后，应将这些智能放回到它们所特有的文化价值背景中去。

4. 每一种智能类别都存在多种表现形式

在某特定的领域中，不存在标准化的、必然被认为是具有智慧的属性组合。因此，一个可能不会阅读的人，由于故事讲得很棒或具有大量的口语词汇而具有较高水平的语言能力。同样，一个人可能在比赛场上很笨拙，但当他织地毯或做一个嵌有棋盘的桌子时，却拥有超常的身体／运动智能。多元智能理论强调了智能表现方式的丰富多样性，人们在某种智能中及多种智能间展现着他们的天赋。

5. 存在其他智能的可能性

加德纳的多元智能理论是一个比较宽泛的智能体系。加德纳指出，他的模型只是一个暂时性的系统化陈述，也许经过更进一步的研究与调查后，某些智能可能不会完全满足相关的标准，而不再具备智能的资格。此外，我们可能会鉴别出某些满足相关特点的新的智能类型。因此，人类智能不应局限于他所确认的这九种类型，个体到底有多少种智能是可以改变的，随着支持或不支持某一智能的科研成果的出现，可能会使原有的九种智能的数量增加或减少。

（三）多元智能理论和信息技术与课程整合

信息技术与课程整合是实施教育教学改革、促进基础教育跨越式发展、培养创新人才的一种途径。实施信息技术与课程整合，必须以先进的教育理论为指导。对于如何实施信息技术与课程整合，建构主义理论与多元智能理论提供了基本的理论指导。建构主义理论为信息技术与课程整合中新型教学结构的创建提供了理论支持；多元智能理论为信息技术与课程整合中"创新精神和实践能力"的培养目标提供了方向。多元智能理论认为智力是多元化的，即智力不是一种能力，而是一组能力。智力不是以整合的方式存在而是以相互独立的方式存在。因此，多元智能理论强调，在实施信息技术与课程整合时要注重发展学生的多种智能。在多种智能发展的同时，促进其优势智能的发展，从而做到全面发展与个性发展的统一。在多元智能理论指导下实施信息技术与课程整合就是要通过营造一种数字化的学习环境，建立一种"主导—主体相结合"的教学结构，促进学生多元智能的发展，培养具有解决实际问题能力和创新能力的新型人才。

多元智能的发展需要在丰富多样的活动情境中展开。在学科教学中，运用信息技术为学习者创设丰富多样的学习环境，可以更好地适应各种学习者的学习风格和学习需求，更好地促进学习者的个性化发展。表4-1说明了信息技术在促进多元智能发展方面的作用。

表4-1　信息技术运用对多元智能发展的促进

智能类型	信息技术运用
言语语言	文字处理软件、电子邮件软件、网页创作、多媒体演示工具、外文软件、故事光盘、打字帮手、台式电脑、电子图书馆、文字游戏／软件等
数理逻辑	数学技能指南、计算机辅助设计、电子制表软件、制图工具、数据库、逻辑性游戏、科学程序软件、批判性思维软件、问题解决软件等
视觉空间	动画程序、3D建模语言、剪辑艺术应用软件、计算机辅助图像处理、数字照相机和显微镜、绘图和制图软件、电子象棋比赛、建模工具、研究组、空间难题解决比赛、电子难题包、几何学软件、数字想象／图形程序软件、虚拟课件等
肢体运动	计算机接口的实用结构包、模拟运动游戏、虚拟现实系统软件、眼—手协调游戏、接通计算机的工具、触觉设备等
音乐韵律	音乐文化辅助软件、唱歌软件（声音合成器）、音调识别和旋律增强器、音乐乐器数字接口、创造自己的音乐节目等
人际沟通	电子公告栏、模拟游戏、电子邮件程序等
自我认识	个人化选择软件、职业咨询服务软件、任何可自定步调的软件、可下载的多媒体应用程序等
自然观察	科普性软件、自然界声音或图像文件、植物／动物的分类软件、动物声音辨认软件、地球科学软件等

综上所述，多元智能理论对我国基础教育改革有重要的指导作用。在多元智能理论指导下，实施信息技术与课程整合，能够促进学生多元智能的发展，培养出具有解决实际问题能力和创造新产品能力的创新人才。因此，认真探索多元智能理论指导下的信息技术与课程整合，实现基础教育跨越式发展，具有深刻的现实意义。

三、混合式学习理论

信息技术与课程整合不仅是把信息技术作为辅助教或辅助学的工具，而是强调要把信息技术作为促进学生自主学习的认知工具和情感激励工具，利用信息技术所提供的自主探索、多重交互、合作学习、资源共享等学习环境，把学生的主动性、积极性充分调动起来，使学生的创新思维与实践能力在整合过程中得到有效锻炼，这才是创新人才培养所需要的。在课程整合中我们不仅需要教师的有效引导、学生积极的主动学习和数字化的学习方式，还强调将传统学习方式的优势与数字化学习有机结合，以实现教育的多重目标。在这方面，混合式学习理论为信息技术与课程整合提供了更好的理论指导。

（一）混合式学习提出的背景

在20世纪90年代初，信息技术迅速发展，E-Learning风靡全球，美国教育界曾对"有围墙的大学是否将被没有围墙的大学（网络学院）所取代"这一问题展开了激烈的辩论。在 20 世纪 90 年代中期以前，辩论双方各持己见，谁也说服不了谁。这场辩论不仅在美国引起很大反响，在国际上也有一批拥簇者，形成两派意见，长期相持不下。但是国际教育界，尤其是美国教育界，在经历了将近十年的网络教育实践以后，越来越清醒地认识到"E-Learning 能很好地实现某些教育目标，但不能代替传统的课堂教学"和"E-Learning 不会取代学校教育，但是会极大地改变课堂教学的目的和功能"。这样就为混合式学习（Blending Learning）新含义的提出与流行奠定了基础。同时，我们在对建构主义在教学应用的反思中，逐渐认识到建构主义理论的确可以解决很多传统教育难以解决的问题，但却不能解决教育的所有问题。指导教育教学改革的理论应该是多元化的，而不应该是一元化的，即要重视行为主义理论和认知主义理论对教育教学改革的指导作用和意义。

在这种形势下，有人提出了 Blending Learning 的概念。Blending 一词的意义是混合或结合，Blendirig Learning 的原有含义就是混合式学习或结合式学习，即各种学习方式的结合。例如，运用视听媒体（幻灯投影、录音录像）的学习方式与运用粉笔黑板的传统学习方式相结合；计算机辅助学习方式与传统学习方式相结合等。

混合式学习的概念提出后，国内外很多专家学者对混合式学习的意义进行了讨论和分析，并给出了各自不同的理解。

（1）混合式学习的核心是通过应用各种"恰当的"学习技术来适应"合适的"个人学习风格并在"适当的"的时机向"合适的"人传授"恰当的"技能，从而实现教学的最优化。包括离线学习和在线学习的结合、自主学习和协作学习的结合、结构化学习和非结构化学习的结合、现成的学习内容和定制的学习内容的结合、工作和学习的结合（Harvi Singh&Chris Reed，2001）。

（2）混合式学习包含三层意思：①传统学习和在线学习的整合；② E-Learning 学习环境中各种媒体和工具相结合；③多种教学方法、学习技术相结合（Whitelock&Jelfs，2003）。

（3）混合式学习是指：①结合基于网络的技术以实现教育目标；②混合各种教学方法（如建构主义、行为主义、认知主义）以实现最佳的学习结果，无论是否应用教学技术；③各种形态的教学技术和面对面教师引导下的训练相结合；④教学技术和实际工作任务相结合。（Driscoll，2002）

尽管上述各种定义从文字表述上或是内涵上都有一定的差别，但都认识到了混合式学习是基于这样一个前提："学习不是一个一次性的过程而是一个连续的过程，混合比用单一的传递方式有优势，简单来说，混合式学习本质的核心就是，对特定的内容和学生用特定教学内容传输和学生学习的技术手段来呈现与传输。"

（二）混合式学习对信息技术与课程整合的指导意义

1. 混合式学习澄清了信息技术在教学应用中的一些误区

误区一：认为信息技术是万能的，信息技术与课程整合中必须用到信息技术。

信息技术本身具有一些其他教学媒体和教学手段所不具备的优良特性，但是在带来优良特性的同时，信息技术也不可避免地带来了一些局限性。例如，网络教育可以实现教师和学生在时间和空间上的分离，它打破了传统教学在时空上的限制，但是同时也丧失了面授教学所特有的师生交互强、学习氛围佳的特性。美国在实施信息技术与课程整合的实践后，基础教育质量不仅没有提升反而下降，其中重要的原因就是过高地估计了信息技术的作用。而"混合式学习"的理念认为信息技术环境下的教学并不能取代传统的课堂式教学，其依据就在于信息技术在教学中的作用是有局限性的。因此，在实施信息技术与课程整合的时候，要在能够发挥信息技术优势的地方运用信息技术，而不仅是广泛地运用信息技术。

误区二：认为信息技术与课程整合中用信息技术就要摒弃其他教学媒体。

信息技术与其他教学媒体和教学手段各有优缺点，互为补充。但在信息技术与课程整合实践中存在一些片面的做法，如用信息技术取代其他教学媒体和教学手段在教学中的应用，似乎只有网络的运用才算信息技术与课程整合。实际上，任何一种技术手段在教学中的应用都有其优势和劣势。不同的媒体适合于不同教学内容。在教学中，教学媒体没有高级与低级之别，只有适不适当的区别。教师在教学中应根据教学目标、学习者特征、教学内容、媒体特性，判断选用教学媒体，而不是片面地用信息技术全面替代其他所有教学媒体和教学手段。

误区三：盲目确定学习理论的"先进性"。

进行教育改革需要有先进的理论指导，然而由于行为主义、认知主义、建构主义三种学习理论客观上存在先后顺序，人们容易误认为，后一种理论以其先进性可以取代前一种理论。在教学中，许多教师提倡建构主义理论而忽视行为主义和认知主义心理学的积极作用。

应该说，这些理论都有其各自适合的应用领域与范围。同时，不同的学习理论科学地反映了学习过程的不同规律，它们可以互相补充，从侧面反映学习的基本原理，并可以在不同的学习层次上起指导作用。片面强调某一种学习理论的"先进性"既没有必要，也不科学，所以指导学习的理论应当是多元的，而不是一元的。

2. 混合式学习为信息技术与课程整合的教学设计提供了新的思路

在教学设计领域中，一直以来都是以"教为主"的教学系统设计占主导形式，这也是我国教师和教学设计者比较熟悉的教学方法。这种教学设计将重点放在"教学"上，强调教师的主导作用，循序渐进、按部就班、精细严格地运用系统的方法对教学进行设计，它的优点是便于教师组织、监控整个教学进程，便于师生间的情感交流，因而有利于系统的科学知识的传授，并能考虑情感因素在学习中的重要地位。其严重的弊端是完全由教师主宰课堂，忽视学生的主体作用，不利于具有创新思维和创新能力的创造型人才的成长。以学为主的教学设计随着学习理论的发展以及多媒体和网络技术的普及逐渐发展起来。这种设计的理念强调学习过程的主体是学生，学生是有意义学习的主动建构者。因此，它的优点是有利于学生主动探索、主动发现。相应地，以学为主的教学设计往往会忽视教师的主导或指导作用，给学生的自由度过大，容易使他们偏离学习目标的要求。而"主导—主体"（双主）的教学设计思想可以视为上述两种教学设计的互补。"主导—主体"教学设计理论兼取建构主义学习理论与认知主义学习理论之长，避两者之短，强调在教学中既要充分发挥教师对学生学习过程的组织、帮助和引导作用，也要充分体现学生在学习过程中的主体地位，学生在教师的引导、组织和支持下，开展自主、协作、探究式学习，完成对所学知识的意义建构。

3. 混合式学习再度将绩效的观念渗透到课程整合中

从混合式学习的目标、促进学习以及混合式学习理念和对所有的可利用学习要素进行合理选择和组合中，我们可以得到这样的启示：信息技术与课程整合的绩效问题不容忽视。信息技术课程的设计应该在了解学习者特征的基础上重视媒体、教学理论的选择以及优化组合，也就是要使学习效果及学习项目的成本达到最优化的理论与实践。可以看出，混合式学习在教学中体现了绩效原则。

混合式学习正在改变世界每个角落的教学形态，这种学习方式通过对其他学习方式的"混合"和"综合"，为学习过程中的各种因素"适当"地搭配在一起提供了可能，从而具备了超越其他单一学习方式的优势和特色。随着教师群体逐步转变观念，随着混合式学习课程设计的理论探索和实践应用的不断深化，混合式学习将为越来越多的学生带来更好的学习效果。

第三节　信息技术与课程整合的形态

一、信息技术作为学习内容（L-about IT）

L-about IT 直译就是"学习信息技术"，就是将信息技术作为一个专门的学科开设，旨在让人们掌握 21 世纪人们赖以生存的重要工具——信息技术。信息技术既是一个独立的学科分支，又是所有学科发展的基础。信息技术既是一个重要的技术分支，又已经深化为改造人类生产与生活方式的一种基本手段。信息技术因信息交流需要而产生和发展，信息技术的进步又扩展了信息交流的时间与空间。文化形成和发展的最基本要求是交流，随着信息技术越来越广泛地渗透到教育、经济和政治等领域，席卷全球的信息文化业已形成，并推动着全社会的"文化重塑"，促进着社会的发展。从社会发展的现实出发，开设信息技术科目，是为培养适应信息社会未来公民奠定基础，是我们国家在全球性信息化建设竞争进程中，抓住机遇，赶上世界发展的步伐，抢占制高点的必要保证。

信息技术课程是以提升学生的信息素养为根本出发点，将信息技术作为学习对象，让学习者学习信息技术的基本知识，学习信息技术的基本技能和基本工具的使用，掌握一定的信息技术技能。但同时，信息技术课程的开设并不是仅仅为了学习信息技术本身，更重要的是要让学生形成个性化的发展，学会运用信息技术促进交流与合作、拓宽视野、勇于创新、提高思考与决策水平，形成利用信息技术解决问题的习惯和能力，形成终身学习的理念，明确信息社会公民的权利与义务、伦理与法规，形成与信息社会相适应的价值观与责任感，为适应未来学习型社会提供必要保证。根据信息技术新课标（课程标准），信息技术作为学科科目、作为学生学习的对象包括以下三个方面的内容。

（一）知识与技能

（1）学习者能够理解信息及信息技术的概念与特征，了解利用信息技术获取、加工、管理、表达与交流信息的基本工作原理，了解信息技术的发展趋势。

（2）通过学习，学习者能熟练地使用常用的信息技术工具，初步形成自主学习信息技术的能力，能适应信息技术的发展变化。

（二）过程与方法

（1）学习者能从日常生活、学习中发现或归纳需要利用信息和信息技术解决的问题，能通过问题分析确定信息需求。

（2）能根据任务的要求，确定所需信息的类型和来源，评价信息的真实性、准确性和相关性。

（3）能选择合适的信息技术进行有效的信息采集、存储和管理。

（4）能采用适当的工具和方式呈现信息、发表观点、交流思想、开展合作。

（5）能熟练运用信息技术，通过有计划、合理的信息加工进行创造性探索或解决实际问题，如辅助其他学科学习、完成信息作品等。

（6）能对自己和他人的信息活动过程和结果进行评价，能归纳利用信息技术解决问题的基本思想方法。

（三）情感态度与价值观

（1）学习者通过对信息技术的学习，能够了解信息技术蕴含的文化内涵，激发和保持对信息技术的求知欲，形成积极主动地学习和使用信息技术、参与信息活动的态度。

（2）能辩证地认识信息技术对社会发展、科技进步和日常生活学习的影响。

（3）能理解并遵守与信息活动相关的伦理道德与法律法规，负责任地、安全地、健康地使用信息技术。

二、信息技术作为学习工具（L-with IT）

仅从字面上翻译来看，L-with IT 就是"用信息技术来进行学习"，即把信息技术作为学生学习、教师教学的工具。下面我们就分别从教师的角度和学生的角度来分析和阐述 L-with IT 模式，并介绍其典型应用。

（一）信息技术作为教师教学的辅助工具

把信息技术作为教师教学的辅助工具，是从教师的角度出发，具体来说，信息技术主要扮演了以下这几种工具角色：演示工具、信息交流工具、信息加工工具、测评工具等。

1. 演示工具

信息技术作为演示工具，这是信息技术整合于学科课程的最初表现形式，也是目前绝大多数基础教育和高等教育普遍采取的整合形式。教师使用现成的计算机辅助教学软件或多媒体素材库，选择其中合适的部分用在自己的讲解中；或利用电子演示文稿 PowerPoint 以及其他一些多媒体制作工具，综合使用各种教学素材，编写自己的演示文稿或多媒体课件，清楚地说明其结构，形象地演示其中某些难以理解的内容，例如，用图表、动画等展示动态的变化过程和理论模型。另外，教师也可以利用模拟软件或者计算机外接传感器来演示某些实验现象，帮助学生理解所学的知识。这样，通过合理的设计与选择，计算机取代了幻灯、投影、粉笔、黑板等传统媒体，实现了它们无法实现的教育功能。

当然，这里指的信息技术作为演示工具并不是一种装饰或点缀，如果信息技术的使用达不到投影、幻灯、录像甚至是粉笔加黑板那样的教学效果，或者只是简单地代替了投影、幻灯、录像等媒体，成为教学的一种装饰或点缀，那样就毫无意义。

2. 信息交流工具

信息技术作为交流工具就是指将信息技术以辅助教学的方式引入教学中，主要用于师生之间的交流，教师利用信息技术与学生就学习、情感等方面进行交流。要实现上述目的，并不需要复杂的信息技术，只需在有互联网或局域网的硬件环境下，采用简单的电子公告板（BBS）、聊天室等工具即可。教师可根据教学的需要或学生的兴趣开设一些专题或聊天室，如"我需要帮助""教师优劣之我见"等，并赋予学生自由开辟专题和聊天室的权利，使他们在课后有机会对课程的形式、教师的优缺点、无法解决的问题等进行充分交流。除此之外，教师需要利用信息技术与家长就学生的情况进行交流，与其他教师在教学和科研方面广泛地合作与交流，与教育管理人员就教育管理工作进行沟通，与学科专家、教育技术专家就教育技术的应用进行交流等。

3. 信息加工工具

信息技术作为教师的信息加工工具，主要是指教师利用信息技术，如文字处理工具、电子文稿编辑工具、网页制作工具等对要教授的知识进行重构，不拘泥于书本，不拘泥于某单一学科，在重构过程中将一些已有的相关实践或思考认识的结果融入进来，以使得教学信息更加完善。

4. 测评工具

信息技术作为测评工具主要是指教师在课程教学过程中，利用信息技术一方面来指导学生进行自测评价，了解学生学习的效果，另一方面教师对自己的教学进行自测评价，随时改进教学过程、组织有效的教学活动。例如，教师可以利用数据库建立形成性练习题库，利用社会科学统计软件包（Statistics Package for Social Sciences，缩写为 SPSS）统计分析或学习反应信息分析系统和方法对学生以及教师本人进行评价。

（二）信息技术作为学生学习的工具

把信息技术作为学生学习的工具，具体来说，信息技术主要扮演了以下这几种工具角色：信息加工工具、信息交流工具、个别化学习的工具、协作学习的工具、学习研发的工具。

1. 信息加工工具

信息技术作为学生信息加工工具，与信息技术作为教师信息加工工具是有所不同的。信息技术作为学生信息加工工具是从培养学生信息能力的角度出发，主要是培养学生获取信息、分析信息、加工信息的能力，强调学生对大量信息进行快速提取、对信息进行重整、加工和再应用。例如，让小学六年级的学生写一篇作文《你最向往的地方》，学生就可以在网上自由遨游，选择祖国山河的壮丽一景，然后利用 Word、PowerPoint、WPS 或其他信息技术工具将文本、图形等进行重新加工，写出一篇精美、感人的作文。

2. 信息交流工具

信息技术作为学生的交流工具，与信息技术辅助教师教学扮演信息交流角色的性质、形式、作用大致相同，如学生利用信息技术与教师就学习、情感等方面的问题进行交流、学生与学生之间进行交流、学生与家长之间进行交流，甚至可以通过信息技术让学生与学科专家进行交流等。

3. 个别化学习的工具

随着信息技术的飞速发展，出现了大量的操作练习型软件和计算机辅助测验软件，让学生在练习和测验中巩固、熟练所学的知识，明白下一步学习的方向，实现了个别化的学习。这些信息技术工具及其相应的教学软件实现了教师职能的部分代替，如出题、评定等，因此在一定程度上注意了学生的个别差异，提高了学生学习的积极性。

4. 协作学习的工具

与个别化学习相比，协作学习有利于促进学生高级认知能力的发展，有助于学生协作意识、技巧、能力、责任心等方面的素质培养，因此目前受到了广大教育工作者的普遍关注。而当今信息技术的发展又为协作学习提供了良好的技术基础和支持环境。计算机网络环境扩充了学生协作学习的范围、提供了丰富的情景，减少了协作的非必要精力支出。在基于 Internet 网络的协作学习过程中，基本的协作模式有四种：竞争、协同、伙伴和角色扮演，各种不同类型的协作学习对信息技术的要求程度各有不同。

5. 学习研发的工具

虽然我们强调对信息的加工、处理，以及协作能力的培养，但最重要的还是要培养学生的探索能力、自己发现问题和解决问题的能力以及创造性思维能力，这才是教育的最终目标。在实现这种目标的教学中，信息技术扮演着学习研发工具的角色。很多工具型教学软件都可以为之提供很好的平台，例如，中学数学教学中，几何画板可为学生提供自我动手、探索问题的机会。当面对问题时，学生可以通过思考和协作，提出自己的假设和推理，然后用几何画板进行验证；此外，学生还可以使用几何画板自己做实验来发现、总结一些数学规律和数学现象，如三角形的内角和为 180 度、圆周率的存在及计算等。随着信息技术的飞速发展，新的信息技术在教学中的应用为学生的探索和学习提供了强有力的支持。如在经济学课程中，虚拟现实技术可以模拟真实的商业情境，让学生在各种真实、复杂的条件下做出决策和选择，提高学生对真实问题的解决能力等。

三、信息技术作为学习环境（L-in IT）

L-in IT 直译为"在信息技术中学习"，就是在信息技术构筑的环境中学习，在这样一种模式下，信息技术扮演了一个环境角色，这个环境包括了提供的物理环境、资源环境和社会大环境，这种模式一般融入前两种模式中，不单独发挥作用。

（一）提供物理环境

信息技术提供物理环境，主要是指由各种信息技术、信息传播媒体及其配套运作软件组成的物理环境，如设备、媒体等物质性环境。目前，越来越多的中小学在加紧建设计算机室、多媒体综合电教室、电子阅览室、多媒体语音室、数字幻灯机、投影仪、实物展示平台等，信息技术物理环境的建设已初具规模。

随着信息技术本身的发展，这些原本独立的环境逐渐相互融合起来，形成了目前中小学中应用最为普遍和广泛的"多媒体网络教室"。一般来说，多媒体网络教室包括虚拟 Internet 教室、电子阅览室和多媒体语音室，其主要功能包括教学示范、广播教学、屏幕监视、资源共享、个别辅导、协作讨论、远程管理等。

多媒体网络教室是由学生机、教师机和数据库服务器组成。学生机和教师机组成多媒体教学网，而多媒体节目源则通过视频转换器与教师机相连，由教师直接控制。多媒体教学网的网络和数据处理由中心数据库服务器来完成，如打印机、扫描仪和投影仪等外设。

（二）提供资源环境

信息技术提供资源环境主要是指利用信息技术提供丰富的教学材料和资源，是以提供教学信息服务为主的系统。该系统的特点：一是拥有大量的信息资源；二是提供自由访问。这些材料和资源是为教学目的而准备的，但有些资源并非为教育而设计，但因其具有教育利用价值而被用作为教学资源环境，如电子化图书馆。

利用信息技术构筑的资源环境，具有三个方面的性质：选择性、劣构性和开放性。所谓选择性是指资源环境作为一类学习支持系统，其中拥有藏量丰富的信息资源，可供学习者任意选择；劣构性是指资源环境中的对象之间存在较弱的结构关系，不像教科书那样内容经过精心编排；开放性是指学习者、适用时间、使用目标等方面都带有很大的自由性。

随着信息技术教育环境在中小学的不断完善，各种教学和学习资源也逐渐积累起来，这种在信息技术环境下，特别是在计算机和网络环境下的电子化教学和学习资源，包括了各种电子书籍、电子期刊、数据库、虚拟图书馆、电子百科、教育网站、电子论坛、虚拟软件库等。

（三）提供社会性环境

信息技术提供社会性环境，主要是指利用信息技术，特别是计算机和网络通信技术，可以为学习者之间、师生之间、师生家长三者之间创造和提供一个相互交流、相互学习的平台。

这种社会性的环境既有真实的人人之间的交互行为，也有人与虚拟学伴之间的交互行为。例如虚拟学伴，它主要是利用计算机来模拟教师和同级学生的行为，从而形成一个虚拟的社会学习系统。随着信息技术的不断发展，现今还可以利用网上群体虚拟现实工具 MUD ／ MOO（Multiple—User Dimension 或 Multiple Object Oriented）支持异步式学习交流，以这种形式来创建虚拟学社。这样一个虚拟学社提供了各种通信工具，如 e-mail、电子报纸、文档、电子白板、虚拟教室等，来支持学生同伴之间、小组之间甚至是班级之间的各种学习活动和校园文化。利用信息技术来提供这种社会性环境的实例除了上面提到的虚拟形式外还有很多，如协同实验室、虚拟教室等。协同实验室是真实实验环境和虚拟实验平台的集成，它实现了基于网络的问题求解过程。协同实验室的学生组成一个个学习小组，所有学习小组构成学习型社会。在实验过程中，只有组长能够控制实验器材、获取实验数据，其他成员只是向组长提供想法和观察实验结果。当然，组内的每一个成员都进行了明确的分工，各司其职，教师在整个实验过程中监控每一个成员的表现和实验结果。而虚拟教室（Virtual Classroom，VC）是指在计算机网络上利用信息技术构造的学习环境，允许异地的教师和学生互相听得到、看得见，而且可以利用实时通信功能实现传统物理教室中所能进行的大多数活动，还可以利用异步通信功能实现前所未有的教学活动，如异步辅导、异步讨论等。

第四节　信息技术与课程整合的实践案例

近年来，我国许多地区、许多单位在不同的学科领域对信息技术与各学科课程加以有机整合进行了试验性探索，并在不同程度上取得了一定成绩，其中有些效果还相当突出、令人鼓舞。本节为大家提供了几个信息技术与课程整合的优秀案例，大家通过对案例的分析和学习，进一步把握信息技术与课程整合的理念及方式。

一、案例：生物"营养物质"网络教学设计方案

生物"营养物质"这节内容主要讲述了食物中含有的六大类营养物质，六大类营养物质对于人体的重要性和主要食物来源，以及如何选择和搭配食物，做到合理膳食。在平常生活中，学生已经对营养学的知识有了一定的感性认识，在小学自然课中也学习了一些营养常识，这些知识为本节的学习奠定了基础。另外，学生通过一年的计算机知识的学习，已经掌握了 Windows 操作系统和 IE 浏览器的使用方法，可以通过相关软件来学习本节知识。

（一）教学目标分析

本课的教学目标按知识目标和能力目标进行分析，详细情况如下。

1. 知识目标

要求学生了解食物中的营养物质和各种营养物质对人体的作用，以及食物的热价。了解有关营养知识、培养良好的饮食习惯。

2. 能力目标

通过操作电脑和上网搜索，让学生学会制订合理的营养计划，并通过使用相关软件，设计一份营养合理的食谱，从而培养他们通过互联网获取知识和分析问题、解决问题的能力。

（二）教学思路和教学软件设计

课前，教师将相关资源链接到主题网页当中，并发布到局域网上（互联网网址：http：//league2000.y365.con）。在教学中，让学生进行"角色扮演"，以小营养学家的身份利用计算机与网络来分析教师给出的各种食谱，并且自己给出各种合理的食谱，从而获取相关的营养学知识。其教学流程为：情境导入—引导探究—自主发现—总结提升。

（三）教学过程设计

生物《营养物质》网络教学流程如表 4-2 所示。

表 4-2　初中生物《营养物质》网络教学流程

步骤	教师行为	学生行为
情境导入	（1）提出问题。根据北京大学季成叶教授的调查，日本青少年的平均身高已经超过中国。为什么在第二次世界大战后日本人的身高会迅速超过中国人呢 （2）引导学生浏览相关网页。 　①影响身高的因素（http://www.cc-edu.Eom/community/health/qingchun/qingchun6.htm） 　②从中、日青少年身高比较看改善我国学生营养状况的重要性（http://league2000.y365.con/newb page_1.htm）	（1）浏览相关站点。身高是生长发育中最显而易见、最有代表性的指标。在通常情况下，身高顺利增长，说明孩子的营养良好，也没有受到慢性消耗性疾病的干扰。日本在第二次世界大战后经济发展迅速，国民营养条件获得较大的改善，从而身高增长迅速 （2）积极思考教师提出的问题，进入学习环境
引导探索	（1）用大屏幕投影展示以下五种食谱 ①肯德基快餐食谱 ②完全素食谱 ③主食＋肉食型食谱 ④荤素搭配，简单型食谱 ⑤荤素搭配，多样品种的食谱 （2）指导学生进行分组，每组同学分别计算不同食谱的营养含量 （3）引导学生进行学习，并提供适当帮助和指导，对学生学习中碰到的问题，做个别辅导	学生进行"角色扮演"，以小营养学家的身份利用教师提供的在线计算工具分别计算五种食谱的营养含量，并思考究竟哪种食谱更加科学。工具来自以下网站： 　①飞华健康网（http://www.th21.com/cn/ying/new/neect htm） 　②天虎营养在线测评系统（http://61.139.8.8/eat / diet/per_info.htm） 　③营养自测（http://www.ballgadood.com/testself/biaozhun.htm）
自主发现	（1）教师介绍不同国家和地区人民的饮食习惯，并将其分为五大类 ①猪肉为主要肉食来源（大多数东亚地区） ②鱼肉为主要肉食来源（大多数岛屿和半岛国家） ③禽肉为主要肉食来源（如广东） ④羊肉为主要肉食来源（伊斯兰教信奉者） ⑤牛肉为主要肉食来源（西欧、北美） （2）引导学生互相讨论交流，并搭配出各类饮食习惯者的合理食谱	（1）利用在线计算工具和营养含量排行表（http://www.fh21.com.cn/ying/new/paihang htm），针对各类饮食习惯配出合理食谱，并使用软件《家庭营养师》（http://league2000.y365.corn/营养配餐.zip）来制定菜谱 （2）进一步思考合理的营养配餐原则是什么

步骤	教师行为	学生行为
总结提升	（1）在学生交流和思考的基础上，帮助学生厘清知识 （2）总结六大类营养物质的作用 （3）合理膳食的原则：荤素搭配，食物品种多样；良好的饮食习惯：一日三餐，按时进食，不偏食、挑食和暴饮暴食	（1）认真做好笔记 （2）将知识内化 （3）进一步思考教师所提出的问题

（四）综合分析

1. 教学策略分析

本案例应用了基于网络的探究学习、抛锚式教学策略、支架式教学策略等教学策略。学生在课堂中既有课堂讨论，也有角色扮演，还有协同学习。

2. 学习环境分析

（1）教学媒体与教学材料的选择与设计。在课堂上综合运用多媒体计算机和网络进行教学。教师利用计算机，通过大屏幕展示知识内容；学生利用计算机，通过网络进行知识的学习和讨论，同时利用工具进行计算和设计。多媒体网络的运用有利于学生的自主学习和协作学习，提高学习效率和效果。

（2）认知工具的设计。多媒体课件和网络资源作为课程学习的资源工具；网络资源作为情境探究和发现学习的工具；计算机网络作为协商学习和交流讨论的通信工具；在线计算工具作为知识建构和创作实践的工具。

（3）人际环境的设计。教师首先提出关于日本人身高的问题，将学生带入新课的学习，这样比较容易激发学习兴趣，形成一种积极、活跃的课堂气氛。教师课堂上进行引导启发、任务的布置、作品的点评、课堂的总结等；学生进行小组合作，通过扮演小小营养家进行学习，课堂氛围是积极主动的。此外，教师讲解和学生自主探究相结合，学生的主动性也得到了充分发挥。

二、案例：信息技术与课程整合教学设计方案："音乐之都"维也纳

（一）教学目标

（1）认知目标：读懂课文，弄清课文是从哪几个方面具体叙述"音乐之都"维也纳的。理解生词，有感情地朗读课文。

（2）情感目标：利用语言文字材料，陶冶情操，培养对音乐的情趣。

（3）能力目标：培养上网收集信息，整理、加工信息的能力和想象、概括能力。

（二）教学内容及重点、难点分析

（1）教学内容：课文生动介绍了维也纳被称为"音乐之都"的渊源，描绘了维也纳特有的人文景观，指出了它在世界音乐史和世界乐坛上的地位和影响，表达了作者对音乐之都的赞美和向往。

（2）教学重点：读懂课文，了解维也纳与音乐的渊源，知道维也纳为什么被称为"音乐之都"。

（3）教学难点：体会"音乐之都"的内涵，培养对音乐的情趣。

（三）教学对象分析

五年级的学生在生活中通过观看电视节目、阅览报纸、杂志已了解过一些有关世界名城的知识；对现代音乐比较喜爱。在音乐课上欣赏过古典音乐，初步了解过一些有关古典音乐的知识。该年龄段的学生对新鲜事物注意力持久，并已初步掌握了上网浏览、上网搜索信息的能力。但学生对维也纳与古典音乐的渊源知之甚少，对古典音乐的喜爱尚待进一步培养。

（四）教学媒体选择与设计

本课设计集图、文、音、像等信息于一体，自行设计了一个"音乐之都维也纳"的学习专题网站。

在网页结构上，设计了以下几个模块，使学生能较快地把握课文结构与内容。

（1）维也纳全览：概括地介绍维也纳的总体面貌，让学生感受到维也纳的秀丽风光与音乐的渊源。

（2）音乐家：介绍贝多芬、莫扎特、舒伯特、海顿、肖邦、施特劳斯等著名音乐家的生平以及在维也纳的经历及创作情况，让学生感悟维也纳给音乐家的成长创作带来的巨大影响。

（3）城市装饰：提供维也纳城市中著名音乐家的雕像等图片，感受"音乐之都"的艺术氛围。

（4）圆舞曲：提供古典音乐《春之声》，明白音乐是维也纳人民生活中不可缺少的重要组成部分。

（5）盛大音乐会：通过新年音乐会盛况转播，使学生感受到歌剧院对国内外观众和世界各国音乐家的吸引力。

（6）国家歌剧院：通过录像、图片、文字资料介绍维也纳国家歌剧院的历史，建筑特点、内部装饰及在世界上的影响，使学生真正认识"音乐之都"。

（五）教学过程的设计

1. 创设情境，谈话导入

教师谈话: 有人说，没有音乐就没有维也纳，失去了音乐，维也纳就失去了一半的美。今天，就让我们一起踏上维也纳音乐之旅，去感受"音乐之都"的魅力吧！（板书课题）

学生打开"音乐之都维也纳"学习专题网站，点击"维也纳全览"观看。看完之后，在留言板上谈谈对维也纳的初步印象。师生合作朗读第1节。

2. 学文感悟

（1）阅读第2～4节。

教师引导: 维也纳为什么被称为"音乐之都"呢？同学们，在网上有课文内容。请大家先认真阅读课文，想一想课文是从哪几个方面具体叙述维也纳是"音乐之都"的？用课文中的语言概括地说一说。

学生自行上网，并认真阅读网上课文，在"讨论"板块交流。

教师引导: 在三个方面中，对哪一点最感兴趣，可以从课文中找出相关段落细细地读，并通过网络去探究这个方面。

学生在学习目标的指引下，选择感兴趣的问题并阅读相关的课文段落，充分利用网页课件，通过超级链接等方式大量搜索图、文、音、像资料，从不同的知识点进行自主探究性学习。

学生自主搜索资料，对重点知识做好复制、粘贴工作，积极思考自己的学习主题。并利用"讨论"板块进行交流，不仅发表自己的观点，还要阅读其他同学的观点。

教师作为其中的一员参与交流，除对交流起组织作用外，还对交流做点评，以保证交流的正确性和有效性。适时根据学生要求，将有代表性的学生的学习结果通过屏幕广播。

学生有感情地朗读全文。

教师小结: 维也纳音乐已经融入了人们的血液、融入了人们的生活。这座城市就是一首优美的圆舞曲。

（2）阅读第5、6节。

教师引导: 来到维也纳，不去维也纳国家歌剧院听一听音乐会，那将是一种遗憾，现在就让我们去一睹为快吧！

学生点击网站中"盛大音乐会"，并在"留言板"中交流对音乐会的感受。

教师引导: 想对歌剧院了解更多吗？请上网读一读课文第5、6节，点击"国家歌剧院"了解有关资料。讨论"歌剧院为什么被称为世界歌剧中心"。

学生上网读课文、收集资料、做好笔记，并在网上展开讨论。

教师参与讨论，适时点评。

教师小结: 国家歌剧院是凝固的音乐，是一切爱好音乐的人们心目中的圣地。它是维也纳人民的骄傲，也是世界人民的骄傲。

3. 总结升华

教师谈话：今天，我们一起走进维也纳，领略它秀美的风光，聆听它优美的圆舞曲，感受它深厚的音乐内涵，此时你一定有很多话想说，请在留言板上写下来吧。

学生进入网上留言板，进行在线发言交流，并认真阅读、思考教师和同学的留言。

4. 拓展延伸

作业：以小组合作形式收集资料，以"世界名城"为主题制作演示文稿。

（六）综合分析

1. 认知工具的设计

（1）以专题学习网站作为课程学习的资源工具，同时也作为情境探究和发现学习的工具。

（2）教师课前集音、像、图、文于一体，精心设计信息量大的"音乐之都维也纳"网页课件，提供好学习背景资料和各类感性材料，使学生能通过网页，通文路、感其情、晓其心。

（3）网络可以为研究性学习提供充足的信息和自由的环境，这为学习者主动建构知识提供充足的信息源，从而创设好一个以学为中心的建构主义学习环境。

（4）利用网络资源，学习者可以不受时空限制，根据自己的学习兴趣与需要，在网上查询文字、图形、影像等信息，为进一步建构学习者新的认知结构和知识系统奠定基础。

2. 作为协商学习和交流讨论的工具

"讨论"板块给学生提供了自由发表意见的空间，让学生敢说、敢想，有助于学生学会合作交流式学习，锻炼学生自我表现能力。

3. 作为知识建构和创作实践的工具

以 Office 系列工具作为成果展示工具，以小组合作形式收集资料，以世界名城为主题制作演示文稿。

4. 人际环境设计

通过播放"维也纳全览"的片段，在音、形、像等多元信息的刺激下，激发起学生学习的兴趣，吸引学生的注意力，迅速投入与课文内容相应的一种情绪中。有目的地使学生整体感知了解课文内容。正是由于这种情感内驱力的作用与影响，学生此时会产生一种强烈的学习需求与学习动机。

（1）通过网上在线交流，学生有感而发，可以畅所欲言，一吐为快，把学生的情感推向高潮。

（2）教师及时指导，参与讨论，有利于师生情感的交流培养。

（3）教师让学生以小组为单位分工协作，营造团结互助的学习氛围。

信息技术与课程整合是指在教学过程中把信息技术、信息资源、信息方法、人力资源和课程内容有机结合，共同完成课程教学任务的一种新型的教学方式，它的核心是数字化学习。自从 1959 年美国 IBM 公司研发出第一个计算机辅助教学系统以来，信息技术与课程整合大体上经历了 CAI、CAL 和 IITC 三个发展阶段。

信息技术与课程整合的特点表现为：任务驱动式的教学过程；信息技术作为教师、学生的基本认知工具；能力培养和知识学习相结合的教学目标；"教师为主导、学生为主体"的教学结构；个别化学习和协作学习的和谐统一。

信息技术与课程整合的目标是：培养学生具有终身学习的态度和能力；培养学生具有良好的信息素养；培养学生掌握信息时代的学习方式。

信息技术与课程整合的原则是：运用适合的学习理论指导课程整合的实践；根据学科特点构建整合的教学方法；根据教学内容选择整合策略。

信息技术与课程整合有如下方式：L-about IT 方式、L-in IT 方式和 L-with IT 方式。信息技术与课程整合目前在我国尚处在起步阶段，虽然在教学实践中已取得较大成效，但不可避免地还存在许多不足之处。所以，作为信息时代的教师，应该把握好信息技术在课程整合中的角色，积极实践、不断总结经验，积极探索信息技术与课程整合的更有效的途径和方法，让信息技术更好地推动教育改革，为全面推进素质教育服务。

第五章 信息技术在高等教育教学实践中的应用

随着以网络和多媒体为代表的信息技术的飞速发展，教育领域内发生了翻天覆地的变化。信息技术教育应用的理论与实践研究不断地改变着学与教的面貌，教学目标、教学内容、教学方式、课堂环境、评价体系等都发生了较大的变革。这种变化在高等教育教学实践中最为显著。本章就主要对网络资源、视听觉媒体、教育效能工具和知识管理工具、远程教育中的自主学习与学习支持、翻转课堂等在高等教育教学中的应用进行相应的探讨。

第一节 网络资源在教学中的应用

网络资源主要是指蕴含了大量的教育信息，可以创造出一定的教育价值，以数字信号的形式在互联网上进行传输的信息资源。这些资源可以供学习者使用，帮助他们学习。在这一过程中，这些资源可以被单独使用，也可以由学习者将它们组合起来使用。在高等教育教学中应用网络资源对教学效果的提高来说无疑具有重大的意义。

一、网络教学资源的类型与特点

（一）网络教学资源的类型

教学中的网络资源根据不同的分类标准有不同的分类方式。从学科角度，可分为语文、数学、英语、物理、化学、历史、地理、生物、政治等教学资源；从语种角度，可分为中文、英语、法语、俄语等教学资源；从资源的作用角度，可分为课件、模拟演示、教案、操作与练习等教学资源；从资源的使用环境角度，可分为基于课堂教学的资源和基于学习者课外自学的资源。

（二）网络教学资源的特点

传统的教学资源容易受到环境、条件的限制，如书本、报纸、杂志等放置时间长了易发黄等。随着现代信息技术的发展，现代信息技术教育中的网络教学资源弥补了传统教学资源的不足，特别是在网络技术高度发展的今天，网络教学资源具有以下几个特点。

1. 数字化

数字化是计算机数据处理和网络传播的本质特性。正像原子是构成物质世界的基本单元一样，计算机处理的数据是 0 和 1 两种状态，构成网络信息世界的基本单元也是 0 和 1 两种状态。教学资源数字化是指将文本、视频、动画等信息经过转换器抽样量化，由模拟信号转换成数字信号。各种各样的图片和声音，归根到底都是通过 0 和 1 这两个数字信号的不同排列组合来表达的。数字信号的可靠性相对较高，能够较容易实现对它的纠错处理。

数字化的意义不仅是便于复制和传送，更重要的是便于不同形式的信息进行相互之间的转换。一定的信息通过编码转换成数字，再经过信道的传输到达终端，然后通过译码还原为一定的信息。这样的教学资源可以通过网络实现远距离传输，学习者可以在任何一台上网的计算机上获取自己需要的信息。

2. 开放性与动态性

随着网络的发展，教学资源已经能够将传统的或者说物理上的空间概念完全打破。从北京到纽约与从北京到杭州的距离，在网络上是一样的。这就意味着现实的地理隔离、国界等限制不复存在，网络上的教学资源可随用随取。此外，对于各种教学资源，其信息结构不再是一成不变的，用户可以对信息进行重新组织、重新建立链接。

所以说，网络教学资源也具有动态性特征。

3. 多媒体化与非线性化

网络教学资源的显示呈现是多媒体化的，这是指人们可以利用多媒体计算机技术存储、传输、处理文本、视频等多种媒体学习资源。这与传统的用文字或图片处理信息资源的方式相比要丰富得多，极大丰富了教学信息和教学资源的种类。使用多媒体信息进行教学，不仅可以快速、有效地传递知识内容，还能够灵活适应各种不同类型的学生学习，满足不同层次学习者对学习的需求。

现代信息技术教育中的网络学习资源采用超媒体技术构建，支持文本、音频、动画等多媒体信息，并采用超文本的方式组织信息，这十分适合表现非线性的网状知识，也与人脑的认知思维方式相适宜，能够促进教学信息的有效组织以及知识的迁移。所以说，网络教学资源的组织是非线性化的。

4. 交互性

交互性是新一代以"学"为中心的教学资源的核心特征，也是区别于传统信息交流媒体的主要特点之一。传统信息交流媒体对信息进行单向、被动的传播；而交互性的信息化教学资源则可以使人们积极主动地选择和控制信息，从而打破时空界限，学习者可以用同步或不同步的方式进行学习，教师与学习者、学习者与学习者之间可以采用文字、声音等媒体进行双向或多向信息交流。网络上的学习资源是一个全球性的数字图书馆，无论学习者需要何种信息，都可以在其中找到。Web 用超媒体的方式对信息进行组织，与人们的认知结构比较符合。另外，现代信息技术教育中的网络教学资源还有极其强大的搜索机制，便于学习者在茫茫的信息世界中快速找到所需的信息。

二、网络教学资源的检索和下载

（一）网络教学资源的检索

1. 搜索引擎概述

当我们在互联网上获取需要的某类教学信息却不知道其所在的网址时，通常使用搜索引擎进行检索。搜索引擎是"一种用于帮助互联网用户查询信息的搜索工具，它以一定的策略在互联网中收集、发现信息，对信息进行理解、提取、组织和处理，并为用户提供检索服务，从而起到信息导航的作用"。

搜索引擎按其工作方式的不同，主要可以分为三种，分别是全文搜索引擎（Full Text Search Engine）、目录索引类搜索引擎（Search Index/Directory Engine）和元搜索引擎（Meta Search Engine）。

虽然利用搜索引擎能够检索到大量的信息，但是没有任何两个搜索引擎的搜索结果会完全相同。为了获得理想的搜索结果，需要选择合适的搜索引擎。在高等教育教学中，常用的搜索引擎主要有百度（https：//www.baidu.com）、360 导航（https：//hao.360.cn）、Google（https：//www.google.com.hk）、有道（http：//www.youdao.com/）等。

2. 利用搜索引擎检索教学资源的步骤

（1）明确检索需求。在开始检索之前，首先应该对检索需求进行仔细分析，明确所要检索的是什么样的信息，这是成功进行信息检索的前提。

（2）选择合适的搜索工具。每种搜索引擎都有不同的特点，只有选择合适的搜索工具才能得到最佳的结果。

（3）确定检索范围。网络信息纷繁复杂，因此，要想检索出需要的信息，就必须对网络信息资源进行选择。也就是说，检索的范围对检索的结果有着很大的影响。检索范围过于宽泛或过于狭窄，都会使得检索效果大打折扣。

（4）选择合适的关键词。关键词是反映主题概念的词或词组。搜索引擎会根据输入的关键词，自动检索包含关键词的信息。关键词选择，很大程度上决定了检索结果的相关性和有效性。

（5）构造合适的检索表达式。检索表达式是用户检索所用的计算机可以识别的公式，它由检索词和操作符根据一定的语法规则组合而成。检索词是用于检索的正式词；操作符包括逻辑操作符、截词操作符、位置操作符、字段操作符等。检索表达式的构造能否对用户需求进行充分反映，决定了检索质量的高低。最常用的操作符有加号"+"、空格等。通常情况下，为了让检索结果更加精确，可以输入多个关键词，多个关键词之间用加号"+"或空格进行组合，形成一个检索表达式。例如，搜索《春》（朱自清）一文的写作背景，关键词应该是"春+写作背景"。如果以"朱自清+写作背景"为关键词，则找到的是朱自清生平、朱自清作品集等。如果要查找描写春天的古诗，就要以"春天+古诗"作为关键词进行搜索，不能用"描写春天的古诗"为关键词，这里的"描写"和"的"会影响搜索结果。

（6）正式检索。正式检索通常不用用户亲自执行，用户只需按"检索"或"开始"等按钮即可。计算机检索系统会根据用户提供的检索表达式自动搜索数据库，并且将匹配结果显示给用户。

（7）评价检索结果。对检索所得的结果进行评价，看是否可以满足自己的检索要求，如果已满足，则利用该检索结果，不再对其他检索过程做任何处理；否则，应再回到以上步骤，对检索需求进行重新分析，确定检索范围，重新选择检索工具，必要时修改关键词以及检索表达式，重新进行检索。

（二）网络教学资源的下载与保存

无论通过哪种检索方法搜索到的教学资源，往往需要从互联网下载到自己的计算机中。由于素材文件的类型不同，其下载方式也不同。

1. 下载素材类资源

对于文本类素材，可以通过选中文字内容，单击【复制】→【粘贴】命令保存所需文字，或者将整个网页另存。

对于图片类素材，可以通过鼠标右击图片，单击【图片另存为】命令保存所需图片，注意在保存过程中更改保存路径。

对于动画、音视频甚至是整个教学资源课件压缩包等其他素材，可以用鼠标指到资源链接地址并单击右键，在弹出的菜单中，选择【目标另存为】选项，即可将资源保存到本地计算机。但是这类资源占用往往比较大，采用【目标另存为】的方法来下载，有时速度会很慢，有一些素材还不能直接用【目标另存为】的方法来下载。此时，就需要一些专业的下载工具，如网际快车、迅雷、电驴、硕鼠等。这些下载工具都支持多任务下载。

2. 保存网页资源

检索教学资源时，如果需要保存网页中的全部内容，可以打开【文件】菜单，选择【另存为】选项，弹出保存网页对话框，选择对应的"保存类型"，将所需网页的内容全部保存或只以文本文件格式保存到本机。

（1）在保存类型中，选择网页，全部（*.htm；*.html）项，保存的结果是，除了具有这个网页的文件外，还有一个文件夹，文件夹里面存储的是该页面的图像、动画等素材信息，断开网络之后，打开网页文件，各类信息都还存在。如果删除该文件夹，那么整个页面也会被删除。

（2）选择【Web 档案，单一文件（*.mht）】项，保存的结果只有一个 mht 文件。此文件中不仅包含了该页面的文本信息，还包含了该页面中的图像等其他信息。

（3）选择【网页，仅 HTML（*.htm；*.html）】项，保存的结果只有一个网页文件。断开网络之后，打开网页文件，则页面只剩下文字信息，其中的动画、图像等各类信息都已经消失。

（4）选择【文本文件（*.txt）】项，保存的结果是一个文本文档，里面只包含纯文本文字信息，多媒体信息均被删除。

3. 收藏网址

利用搜索引擎可以搜索到很多优秀的教学网站，为便于今后访问这些网站，通常需要收藏这些网站的网址。

打开要收藏的网页，单击【收藏】菜单，单击【添加到收藏夹】命令，弹出【添加到收藏夹】对话框。在对话框中，输入网页名称，单击【确定】即可。

为便于对这些收藏的网址进行有效管理，往往创建一些文件夹进行分类管理。在【添加到收藏夹】窗口中单击【新建文件夹】命令，在【文件夹】名后面输入要创建的文件夹的名称，单击【确定】，这样就在收藏夹下面新建了一个文件夹，有关课件类的网址就可以收藏到这个文件夹中。

为了进一步管理收藏夹，可以打开【收藏】菜单，单击【整理收藏夹】命令，弹出【整理收藏夹】对话框，可以对收藏夹进行创建文件夹、对文件夹或网址重命名、移动文件夹或网址等操作。

三、网络教学资源的应用形式

互联网上丰富的教学资源不仅建立了一个拥有大量数据的资源仓库，更发挥着对教育教学强大的支持和服务功能，这些功能极大地冲击着教学结构本身的改革，无论是教师的备课、教学，还是学生的学习，包括教务人员的管理工作，都会由此而发生根本性变革。也就是说，网络教育资源实现的是从效率到效果的双重改变。网络教学资源主要的应用形式有以下五种。

（一）电子备课

电子备课的概念是相对于传统的教师基于教材和教学参考书进行备课而言的，它指备课过程的信息化，即利用计算机和其他现代信息技术，以多种媒体信息作为素材，以操作电子文件的方式查阅资料，或制作能够更好表现讲授内容的文字、声音、图形和图像文件，最后以适当的方式将它们有机地集成在某种介质上。

电子备课的资料范围广；备课效率高、生动形象、交流方便。在形式与内容上其突破了传统的文本教案的局限性，使得教学环节的设计能够直接运用于课堂，实现教案、课件、学科的综合一体化，有利于学生的个性化学习与自主性学习。

（二）基于资源的学习模式

网络为学习者提供了极为丰富的学习资源，包括数字化图书馆、电子阅览室、网上报刊和各种数据库、多媒体电子书等。学习者只要掌握了一定的信息获取技能，就可以通过各种网上检索机制，方便快捷地获取自己所需要的知识。

基于资源的学习与传统的学习模式有很大不同，这不仅表现在学习者及教师的地位与角色发生了改变，更主要地表现在基于资源的学习强调学习的过程，而传统学习模式强调学习的结果；基于资源的学习侧重于培养学习者发现信息、利用信息解决问题的能力；而传统学习模式侧重于强化学习者对知识的记忆。总之，基于资源的学习模式是一种更适合于信息时代网络化社会的学习模式。

基于资源学习的主要目标是为学生提供各种机会，使他们在获得基本知识的同时，学会独立的学习技能，逐步使学生具备终身学习的意识与能力。这种学习模式的特点是不是将现成的答案直接展现在学生面前，而是为他们提供一个非良构的学习环境，这个环境中包含了要实现学习目标可以参考的各种资源，学生通过对这些资源进行筛选、分析、综合及实际应用，最终达到对知识的深层建构，并形成信息加工和解决问题的能力。

（三）信息服务

互联网正以一种特殊的顾问身份，为用户提供全方位的信息服务，不仅提供具体的资源内容，还针对用户的实际需求主动提供策略与解决方案。教育教学信息也是其中之一，它能对教育中存在的问题进行诊断和评价，帮助用户找到解决问题的可行性方案。用户通过互联网获取教育信息的同时，也贡献了自己的观点和资源，从而完善和丰富了教育信息网络。网络教育信息中包含了大量优秀的有关教育教学的理论、模式、策略、经验、案例及学科知识，一旦我们求助它，它就可以分析组合所有有关信息，最终给我们一个合理的方案。当然，完全依靠技术的手段来实现是不可能的，网络教育仍需要大量的人工因素，通过制定一系列的信息规则和推理机制，我们才能将原来杂乱无序的信息加工成具有信息服务功能的资源。

（四）知识存储与共享

知识的数字化存储已成为不可扭转的趋势。虽然用于教育中的知识大多是人类长时间的实践所证实的，网络资源的开发并不能增加知识本身的数量，但是它能大大提高知识积累的质量，实现对知识的高效利用。它把原本无序、零散的知识加以科学组织，使之系统化、条理化，学习者因而能对积累的内容有更为深刻的理解和认识，并能借此发现新问题，产生新想法，得到新启示，实现真正的创新。

互联网集中了每个人所创造的信息，多种多样的信息瞬间就可以存取，跨学科、跨文化的对话和交流可以广泛进行，合作和竞争进一步加强了。求变、求新、多样化和快节奏是网络时代学习的重要特征。它要求我们具备广阔的视野、活跃的思想、敏捷的思维和随机应变的能力，积极地利用网络资源与他人交流并不断完善自我。

（五）模拟体验

网络教学资源以非线性的、更符合人类思维习惯的方式进行组织，既包括静态的数字资源，又包括因人的交流与交互所形成的社会化氛围，如虚拟社区和专题学习网站。蕴含在网络信息中的这些氛围来源于生活在现实中的人，因此，它与现实社会有一定的相似性，但由于有着媒体属性，每个人都以自由化的方式演绎着个性活动，所以，在网络上的信息活动是一种虚拟的体验，既可以是现实生活学习的模拟，如虚拟实验室、虚拟实验平台、专题学习网站，使位于不同区域的人像同班同学一样共同参与讨论，并协作完成基于实际问题的任务；也可以是对过去和未来的一种幻象，如对历史事件的模拟重放、对宇宙空间的多维展现，使网络能构建出现实教学中无法实现的场景。

第二节　视听觉媒体的特性与教学应用

记忆心理学研究表明，视听觉并用所获得的信息，能得到最高的记忆保持率。所以，在学习过程中，视觉、听觉并用，也必然有利于人们提高学习效率。视听觉媒体正是一种能让视觉、听觉并用，促进学习效果的媒体。它既可以提供活动的图像画面，又可以提供与画面相配合的声音信息。视听觉教学媒体设备主要有电视机、录像机、摄像机、无线电视系统、闭路电视系统等。

一、视听觉媒体的主要特性

（一）视听结合

视听觉媒体是通过形象逼真的画面与优美动听的音乐、音效和语言同时呈现视听觉信息的。图像画面擅长形象直观；语言解说擅长抽象概括；音乐、音效擅长渲染气氛。视听结合多种感官的综合作用，使学生身临其境，有助于在教学中弥补学生实际经验的不足。

（二）突破时空限制

视频具有极其丰富和灵活的时空表现力，能够充分表现宏观、微观、瞬间和漫长的事物及其过程，能够按教学需要有机地组织画面内容，有利于在教学中让学生深入地观察、认识、理解和思考。比如，用显微摄像可以将肉眼看不到的现象、过程放大呈现出来，化小为大；用普通摄像手段可将宏观事物缩小呈现在电视屏幕上，化大为小。同时，可以将变化极快和极慢的现象、过程用合适的速度表现出来，化快为慢，化慢为快。应用动画技术可以追溯远古、预测未来、创设时空。应用画面景别的变化、镜头的运动和组接技巧，可以表现事物现象的空间和时间变化，更好地引导学生观察。

（三）较强的时效性

通过卫星的电视转播可将世界各地发生的重大事件实时、准确地传遍全球，这样就能使教师和学生及时获得当前新闻，从而大大扩宽他们的视野，让他们在信息获取上更为快捷便利。

（四）灵活多样

随着电子技术的进步，电视教材在制作程序、方法及使用操作上越来越灵活多样。在教材的使用和保存方面可以采用存成录像带、VCD、DVD 等形式，更加符合教学需求并便于携带，可以实现从课堂教学到家庭自学的各种教学模式。

（五）教育范围广

卫星教育电视系统所构建的"天罗地网"，可以同时面对众多观众，也可以进入课堂，进入家庭。它传播面广、受教育面大，使大规模远程教育及终身教育成为可能。

二、电视的教学应用

在视听觉媒体中，电视是最具代表性的媒体。电视是通过通信线路把节目活动现场或记录的景物现象在一定距离之外以图像的形式重现的技术。电视信号的传播过程，就是在发送端通过摄像机将实际景物的光像信息转变为图像电信号，声音信息则通过话筒转变成声音电信号，经过一系列处理后进行发射传输，而在接收端则是通过电视机将电信号还原成图像和声音的过程。

当前，电视广播教育、卫星电视教育、电视录像教育等教育手段由于其特殊的优势，在提高全民文化素质，进行职业技术教育、成人教育、终身教育等方面发挥了较大的作用。以下几个方面是电视类媒体在教学中的常见应用。

（一）利用广播电视系统进行系统教学

系统教学是指采用录像、电视手段进行整门课程的教学。教学信息主要通过卫星广播电视、闭路（有线）电视、录像教学点三种播放形式进行传播，而教师主要参与辅导、答疑、批改作业等。例如，我国的广播电视大学、电视师范学院就主要采用这种教学形式，它不仅可以大面积地传播教学信息，提高教学效率，还可以解决师资不足的问题。

（二）应用电视录像媒体进行示范教学

教育者通过利用电视录像媒体为学生提供典型的示范材料，指导学生进行教学实践。

在实际教学中，教育者可以利用电视录像媒体将实验原理、实验步骤、实验方法等形象、直观地再现于课堂，对学生进行实验前的指导教学。比如实验前，学生通过观看实验演示录像，不仅能目睹实验的全过程，还能通过不同角度拍摄的近景、特写等画面详细观察仪器设备的构造和细节，依照相应的解说和示范，准确高效地掌握实验操作步骤，同时通过对错操作的比较吸取经验教训，避免类似错误的发生。另外，教师也可避免每次示范讲解的重复劳动，集中精力加强指导。所以，利用电视录像媒体可以优化教学、提高实验教学的质量和效率。

另外，在体育训练时，用电视录像可以展示分解动作及要领；在生产实习中，用电视录像可以展示规范的生产过程和操作方法；在师资培训中，用电视录像可以展示优秀教师的教学精华等。

（三）利用插播教学片辅助课堂教学

在课堂教学中，教师可以根据教学内容及教学计划，直接利用电视教材和播放设备，穿插播放定量的教学片进行辅助教学，及时解决教学中的重点和难点。至于播放什么内容、何时播放、播放长度、播放次数，均可以由教师根据需要及实际情况而随机地选择和控制。这种教学方式不仅使课堂教学更加灵活，而且能更有效发挥教师的主观能动性，还能使学生的易受性大大增强。

（四）利用录像/反馈加强学生技能培训

微格教学在培训师范生课堂教学技能上具有良好的效果。微格教学是利用摄像机和录像机等设备将每个学生在讲台上的教学过程记录下来，然后通过录像反馈和小组评价，使被培训者能较清楚地认识到自己的优势与不足，从而取长补短，及时纠正存在的问题，并较快地掌握各种课堂教学技能的运作规律。

（五）辅助课外教学

在课外，应用电视录像对学生进行素质教育也是非常好的教育方式。影视题材广泛丰富，内容生动活泼，寓意深刻，教育性和思想性较强，具有极强的吸引力和感染力，易为学生所接受，能给学生全方位的直接感受。例如，播放科普教学片，既可以补充教师的课堂教学，还可以开阔学生的视野，扩大知识面，有利于学生综合能力的培养。利用电视教材与中外名片欣赏对学生进行德育、智育、体育、美育、劳动技术教育与心理素质等多方面的教育，不但丰富了学生的课外活动，而且使学生增长了知识，对学生的潜能开发、心理品质培养和社会文化素养提高都有十分重要的意义。

（六）帮助学生自学

电视教材不仅提供了丰富的感知材料，而且有教师在屏幕内外做分析与讲解。所以，学生利用电视教材进行自学，往往要比自学文字教材更有效果。可见，电视媒体还是帮助学生自学的一种理想工具。

第三节　教育效能工具、知识管理工具的应用

一、教育效能工具的应用

教育效能工具就是指能提高教育、教学工作效率的各种工具。当前，微软公司出品的 Microsoft Office 系列办公软件（也被称为办公自动化软件）是教育教学中最常用的效能工具。以下主要对 Microsoft Word（文字处理工具）和 Microsoft PowerPoint（多媒体演示工具）及其应用进行一定的阐述。

（一）文字处理工具及其应用

Microsoft Word 是微软公司出品的 Microsoft Office 系列办公软件之一，它主要用在信函、报告、论文等办公文件排版方面，也用于其他印刷品的排版，如宣传单、书籍、报纸、杂志等，是人们最喜爱的专业文字处理软件之一，在自动化办公方面应用非常广泛。Word 的主要功能是创建和编排具有专业水准的文档，具体功能则包括创建文档、制作文本、绘制图片、设计表格，制作包含有图片、声音、电影的多媒体文件，制作网页并设置各种链接，设置字符、段落和文档格式，编辑长文档，制作批量文档，等等。

1.Word 在教育应用中的优点

（1）有助于提高教师文字处理的效率。例如，教师借助 Word，可以更为方便快捷地编写教案和备注、编写试卷、绘制教学用图、制作课堂规章制度列表、批量制作传单、通知、学生经常使用的作业单、练习和成绩单，撰写新闻稿和有抬头的信笺，撰写年终报告，批改学生作文。

（2）能制作简单的教学软件。例如，组词成句，组句成段，调整句子顺序，调整文章的段落等电子练习。与手写作业比起来，使用 Word 文档完成这类电子练习尤其需要重新调整整篇文章的结构和段落的练习更加方便。同时，教师可以很方便地修改这些电子作业并保存为不同的版本；也可以通过拷贝和修改等方法比较方便地面向不同的学生布置有针对性的作业，从而实现"因材施教"。

（3）便捷的编辑、加工、排版、作品展示与打印功能可以节省学生的撰写时间，使学生将更多的精力集中于作品内容。同时，也能使学生的作品形式更专业、更精致、更整洁，既方便教师的批阅，也使学生免去书写难看的尴尬。

（4）采用多媒体写作、超文本和超媒体写作、学生联合写作能拓展学生的写作方式、激发学生的写作兴趣，并使学生的作品更富有个性和创造性。

2.Word 在教育应用中的局限性

（1）如果缺乏适当的指导，文字处理工具本身并不能提高学生的写作能力，并且由于文字处理工具在编辑和加工上的便捷性，有可能导致写作的随意性，出现文章结构松散、文字重复拖沓等问题。

（2）缺乏必要的键盘输入能力无法有效地进行文字处理，而过多的键盘输入可能影响手写文本的能力，而目前普遍认为这两种能力都是必须具备的。同时，究竟在学生的哪一个年龄段开始学习文字处理也存在争议。

3.Word 的教育应用

（1）输入学科符号和公式的应用。在日常工作中，很多教师对数学、化学和物理等理科的公式编辑排版，常常采用设置下画线、行间距、字符升降、字符上标和下标等方法编辑排版，操作过程是十分烦琐的，而且排出的公式也不标准。如果采用文字处理软件Word,不仅能方便地排版编辑出标准的、美观的公式和数学、化学等学科的特殊符号，而且会大大提高教师的工作效率。

（2）"修订""批改"操作实现教学交互。Word 中的修订功能可以保留团队或者工作组成员对于文档不同的修改痕迹，甚至完成对文档的审阅。将此功能引入教学可以加强师生之间的互动，从而改变教学课堂的学与教。教师运用"审阅"工具栏中的"修订""批注""突出显示"等功能，可以批改学生的作文或作业，也可组织学生互评和编辑同一作文或作业；教研室的教师（甚至不同学校的教师）可在合作编写教案和论文时协同工作、相互批改、共同提高。除了文本图形批注功能外，Word 还提供了"声音批注"功能进行教学交互。单击"声音批注"按钮（需要用户添加）会弹出"录音机"窗口，并在"编辑区"右侧显示"声音批注框"。教师用"录音机"录制的声音被自动转为"声音批注"，并可保存于文档中；学生双击"声音批注框"的小喇叭图标，即可听到教师慈祥的赞许、鼓励和客观评价之声，这是传统作文或作业批改无法做到的，应大力提倡与推广。

（3）利用"宏"编写教案模板。编写教案是教师日常必做的一项工作。由于教案内容的翔实性以及教案格式的复杂性，其编写往往占据了教师备课的大部分时间。尤其是很多学校对教案的格式规定相当严格，即便教务部门专门统一提供了教案格式范本，由于格式呆板、排版复杂往往效果不是很好。利用 Microsoft Word 中的"宏"可以设计出灵活的、个性化的教案设计模板，从而将广大教师从复杂枯燥的排版工作中解放出来，提高了工作效率。当教师反复编写不同的教案时，也可以依据所录制的"宏"进行添加每个环节，并能根据实际情况加以修改，从而完成个性化的教案。

（4）使用邮件合并功能制作学生成绩报告单。教师在实际教育教学工作中，经常会遇到需要处理具有相同格式和框架但部分项目不同的文档，如学生的成绩报告单、通知、获奖证书、参赛证、名片、工作证等。一份一份地编辑打印，尽管每次只修改个别数据，但仍然十分烦琐。为此，Word 提供了非常方便的邮件合并功能，可以减少许多重复工作，大大提高了工作效率。批量引用数据源中的数据生成具有相同格式并以指定的方式输出过程称为邮件合并，它是 Word 自动化的重要体现。

（5）研究报告等长文档的编辑。在新一轮的课程教学改革中，教师的角色需要由传统的"教书匠"向"教学研究者"转变。作为教学的实践者和研究者，教师常常会撰写相关的研究型报告、论文等一些长文档。教师利用 Word 可以进行长文档的编辑，在编辑时，通常需要用目录和文档结构图的形式展示其纲要，使文章整体结构和主要内容一目了然，便于查找、修改和编辑。

（二）多媒体演示工具及其应用

Microsoft PowerPoint 也是微软公司出品的 Microsoft Office 系列办公软件之一。它是一个专门制作和演示电子文稿的软件，由于文稿中可以带有文字、图像、声音、音乐、动画和视频文件，并且放映时以幻灯片形式演示，所以利用它可以制作出高效、高质、精美的幻灯片，在教学、学术报告和产品演示方面的应用非常广泛。

PowerPoint 的主要功能是制作和演示电子文稿，具体功能包括创建演示文稿、编辑演示文稿、设置演示文稿版式、编辑和绘制图形、插入及编辑表格和图表、插入和编辑其他对象、放映、打包及打印演示文稿、协同工作等。

1.PowerPoint 在教育应用中的优点与局限

（1）有助于教师和学生制作和演示美观的幻灯片，如制作和演示学术报告幻灯片、产品介绍幻灯片和学习成果展示幻灯片，也可以制作一些简单的动画类和交互类的多媒体教学软件。

（2）课堂教学中采用电子幻灯片，节省了板书时间，大大增加了教学信息量，有利于教师教学方式和学生学习方式的改进。

（3）可以自定义放映幻灯片，针对不同的学生放映幻灯片的不同部分，或按不同的教学顺序播放幻灯片，从而有利于实现个性化教学。

PowerPoint 在教育应用中也是具有一定的局限性的。比如，电子幻灯片无法展示教师个人板书风格的独特性，在书写方面对学生可能产生的潜移默化的影响。

2.PowerPoint 的教育应用

（1）利用 PowerPoint 制作教师教学课件。传统教学以黑板为主要上课工具，教学质量是较突出的，但其难以避免形式单一、灵活性不强等问题。而现代信息技术中的 PowerPoint 技术为教师教学带来了一场新的革命。用 PowerPoint 软件制作课件来辅助教学，能弥补黑板教学缺乏灵活性和单一形式的不足；在教学过程中能传递给学生更多直观、丰富的信息，有利于拓宽学生的知识面；可以通过创设生动的情境烘托课堂气氛、激发学生学习的兴趣，从而达到一定的教学效果。

（2）利用 PowerPoint 制作宣传展示文件。随着计算机的普及和多媒体技术的发展，运用多媒体教学已经逐渐成为一种趋势，在众多制作课件的软件中，PowerPoint 无疑是比较简单和容易操作的。PowerPoint 不仅可以用于学校教学中的课件制作，还可用于在学校或其他机构制作各类生动形象的宣传文件或者展会文件。在电子幻灯片制作过程中，教师并不需要掌握编程技巧就可以制作出包含文字、声音、图像和动画在内的多媒体展示文件。此外，利用其具有自动循环播放的功能，可以在活动中循环展示，提高工作效率、烘托活动气氛。

二、知识管理工具的应用

知识管理的概念源于企业界，它是企业经济发展的主要驱动力和提高企业竞争的重要手段。随着知识经济时代的到来，知识管理越来越受到人们的重视。知识管理的最终目的在于提高个人和组织的应变及创新能力，进而提高组织整体的生命力与竞争力。知识管理的重要内容是实现知识的转化，即显性知识与隐性知识的转化。知识管理的重要过程和步骤是知识的获取、存储、共享、利用、创新的不断循环往复的过程，这个过程体现了知识管理的价值链重要性。在当前的教育教学领域，知识管理这一内容十分突出，尤其在教师专业发展方面。教师如果能更好地进行知识管理，则能大大促进自身的专业能力发展。在当前信息技术环境下，教师的知识管理拥有诸多的信息技术工具支持。

在知识获取上，网络资源、数据库为教师获取所需要的知识提供了便捷的手段，如使用搜索引擎、中国学术期刊网站。

在知识存储上，教师利用数据库等系统可以对显性知识（教案、教学笔记、论文、教学参考资料、课件等）进行有效的分类与整理，使其数字化、档案化。

在知识分享上，基于网络的异步或同步交流工具（如电子邮件、BBS、博客、即时通信等）让教师彼此间的知识交流与分享更便捷。

在知识应用和知识创新上，借助通用教学工具（如概念图、思维导图等）和学科平台工具（如几何画板等），教师可以将获取的新知识、新理念在课堂教学实践中付诸实施，并发现教育教学的新知识。

以下主要对博客工具和维基工具进行相应的探讨。

（一）博客工具及其应用

1. 博客与教育博客概述

博客源于英文单词 Weblog/Blog，是以网页形态展示个人或群体的日志或札记，也有人把 Blog 翻译为网志。根据语境的不同，有时博客也指书写网络日志的人。博客网页上一般呈现着简短且经常更新的帖子（Post，或称文章或博文），它们按照年份和日期倒序排列，与 BBS 上的帖子或网页呈现上的普通文章不同的是它们以时间、类别方式组织、整理；它们具有固定不变的网址链接可供阅读者读取；它们具有时间戳印，记录着撰写、编辑的时间；它们标出体现时序性的日期标头。博客的主要特点是频繁更新、简短明了以及个性化。

自从 2002 年下半年方兴东在国内推介博客以来，这个简单易学、几乎没有技术门槛的网络新应用逐渐受到了国内教育界的关注，不断激发着教育工作者的想象力。教育技术专业的教师和学生成为国内较早一批的博客应用者。他们把博客当作自己学习、研究、反思、交流的平台。有的学校、地区把博客作为促进教师专业发展的重要手段，由此涌现了很多优秀的教师博客群，如海盐教师博客、广州天河部落等。总之，博客在教育教学中的应用潜力被不断地挖掘出来，出现了各式各样的博客，如教师个人博客、校园博客网站、校园博客群、区域教师博客群等。其中教师个人博客最受教师青睐，根据每个教师的兴趣和工作重点，这些个人博客在内容主题上分为教学反思、学科教学、教育管理、知识管理、成长档案、家校沟通、课题研究、文学创作等。博客像一块巨大的吸铁石吸引着无数的教师、教育管理者和学生加入，开启有意义的教育博客旅程。

2. 博客在教育中的应用

作为继电子邮件、BBS 和即时通信之后的一种新型网络应用工具，博客在与教育结合过程中，越来越显示出了其强大的生命力。当前，博客已融入教师专业发展的实践中，成为教师进行实践性反思和教育叙事研究的重要工具，同时也为教师实现知识管理提供了必不可少的技术支持。

利用博客，教师可以将关注领域的信息进行有效的分类，特别是利用超链接，把网络上分散的海量信息进行筛选、组织，并在此基础上进行知识的再生产。教师还可以建立自己的个人知识库，收集和整合某个主题的相关教学资料，以便快速提取。

教师对博客的应用无外乎是撰写博文、阅读他人博文、评论他人博文等几个活动，这些活动恰好与知识螺旋式转化过程对应，撰写博文就是教师隐性知识显化的过程；阅读他人博文就是教师消化吸收显性知识并通过教育实践创造出新的隐性知识的过程；评论他人博文和通过博客与同行互动就是教师隐性知识的传递过程；教师利用博客创建知识库就是教师将零碎的显性知识系统化、组织化的过程。因此，教师应用博客的过程就是在自觉地进行知识管理，教师知识的社会化、外在化、组合化和内在化无一不体现在教师使用博客的过程中。

（二）维基工具及其应用

1. 维基概述

维基是 Wiki 的汉语音译，Wiki 是夏威夷语"wee kee wee kee"的缩写，原本是"快点快点"的意思。维基是一种支持社群协同创作的超文本网页系统，任何人（有的维基网站只允许注册用户）都可以对维基网站进行浏览词条、新增词条、修改词条、版本比较等操作。因此，维基网站的使用者承担着传播者和受传者的双重角色，它们常被叫作维客。维基网站包含一组供浏览、编辑的讨论主题网页（也称词条或条目），这些词条构成了维基网站的传播内容。维基网站不是一般的 Web 网站，它包含一组支持协作式写作的辅助工具，能提供多人在线创作，方便人们对知识进行积累、管理和共享。

维基具有开放、平等、自由的特点。它是一个聚集众多个体的力量来构建内容丰富的知识库和创新型知识平台，如中文维基百科。中文维基百科是一个人人可编辑的自由百科全书。截至 2015 年 12 月，维基百科一共有 280 种语言版本，其中英语超过 500 万，瑞典语、德语、荷兰语、法语、瓦瑞语、俄语、宿务语、意大利语、越南语和波兰语这 10 个语言版本已经有超过 100 万篇条目，接近百万的为日语，中文接近 86 万，另外还有 40 多个语言版本的超过 10 万篇文章和超过 120 个语言版本的维基百科有多于 10 000 个条目。由于众多人的贡献，维基百科在不断更新，它与传统纸质百科全书相比，内容更完整、观点更中立、时效性更强。

除中文维基百科外，还有天下维客和互动百科。天下维客是一个由网友共同建设的开放的电脑知识网站，许多 IT 爱好者都在天下维客网站里通过参与修改站内文章来分享知识与经验；互动百科是全球最大的中文百科网站，它以词条为核心，与图片、文章等其他媒体形式共同构筑一个完整的知识搜索体系。由于汇聚了上亿网民的头脑智慧，互动百科不断积累成全人类共享共建的开放知识库。从以上三个维基实例来看，我们可以发现以协同创作为主要应用功能的维基充分展现了网络时代对分享知识和群创知识的追求，维基为我们提供了一种全新的网络时代协同工作与知识共享的平台，使我们的个人智慧与集体智慧互为影响、互为促进，知识的螺旋式转化模型也有了维基技术的支撑。

维基与博客相比，最大的区别在于博客一般是由个人撰写的，而维基是群体创作的，所以任何网络用户都可以浏览维基并参与维基文本的创作。维基的目的是实现知识的积累、共享、交流、传播和再创造。

作为一般用户，可以使用万维网上现成的维基网站，如中文维基百科、天下维客、百度百科等，如有一定网络技术基础，则可以利用开源软件（如 Media Wiki）搭建自己的维基系统。

2. 维基在教育中的应用

自从 1995 年维基诞生以来，它已用于百科全书、知识库和某一领域的专业知识网站建设中，也在项目开发、协作、翻译、资料整理、FAQ 问答等领域有所应用。由于维基具有协同工作、群体编辑的特点，它在教育领域中的应用潜力也引起了广泛关注。目前在国内，维基应用于教育教学的主要模式和方法包括建设教育教学资源库、专业学科的百科全书、教学管理、网上协同写作、学术研究等。我们主要介绍以下几种应用。

（1）开放课程资源建设。教育大发现维基网站（Social Learn Lab Wiki）是由北京师范大学教育技术学院庄秀丽博士发起并用维基技术搭建的一个社会性学习社区（http://sociallearnlab.org/wiki/，简称 SLL），它是一个知识管理、项目管理与运行和开放课程资源建设的园地。根据社区用户的兴趣，可以参与各种维基板块的学习与贡献。例如，共建课程：用开放的方式来建设一系列社会化学习课程；学习伙伴：汇聚教育实践者、专家顾问；社区教研：展示社会化网络学习与教学方法在中小学应用的案例；知识管理：帮助个人和群体在系统思考、交流分享中应对环境的变化；热点推荐：社区当前热点动态；社区简报：每月两期发布，促进社区内部知识分享传播、向外传播分享社区实践；社区沙龙：线下的沙龙活动，以主题座谈、研讨为主；社区项目：呈现社区项目列表、项目动态及参与方法；工具之家：合力汇集、编写优秀学习工具资源。

（2）教师协同备课。维基提供的教师协同备课为教师共同体的知识管理、教学研究提供了新型的网络环境。例如，淄博市电教馆构建的淄博信息技术学科教师自生长学习社区维基（http://wiki.zbedu.net/）将淄博市的信息技术学科教师连接起来，并组建小学教师组和中学教师组，在基于分享、交流、学习的理念下开展群体网络备课。在教师协同备课过程中，一般由一位教师针对课题先拟定教学目标、教学重点及难点等项目，然后参与备课的其他教师对已有项目进行思考，提出与课题相关的其他备课重点，教师们共同修改备课专栏，添加、修改各个项目内容。在确定备课中关键部分内容时，备课项目的这些词条经过多位教师的反复修改和争论，直到大家的认识趋于一致。

维基环境下的教师协同备课为教师的知识管理和专业发展提供了可操作性的现实途径。新入职的教师可以在协同备课中感悟优秀教师的教学智慧，并将这些隐性知识融入自己的教学实践，以改进自己的教学行为和提高教学技巧。优秀教师通过协同备课可以将自己的实践性知识应用于真实课例，并在与其他教师的思维碰撞中进行知识的社会化互动。由此可见，教师协同备课有助于教师知识的螺旋式转化。

（3）网上协同写作教学。由于维基工具的简单易学，而且支持共享共建和协作式学习，国内已有高校教师将维基应用于大学英语写作训练中，并依托现有的维基网站构建起一种不同于传统写作方式的新型写作环境，通过实验形成了基于维基的写作教学应用模式。在这个模式中，维基工具渗透到常规作文教学的多个方面：通过共建共享组织作文素材、通过共享智慧撰写作文、在各抒己见中修改作文、在生生互动和师生互动中批阅作文、立足写作过程的作文讲评和汇聚多次作文学习活动形成作文档案袋。通过维基的作文教学实践，教师普遍感到维基激发了学生的写作热情，给学生一种语言表达、抒写真情的自我感、归属感、成就感。学生的写作活动贯穿始终，从收集素材到撰写作文，再到修改作文、发表评论、参与讨论等，学生的学习主体性和责任感增强，学生不仅是写作者，也是修改者、评价者。此外，维基打破了传统作文交流的时空限制，师生、生生之间的互动、共享达到了前所未有的高度。

第四节　远程教育中的自主学习与学习支持

一、远程教育中的自主学习

远程教育是以"学生为中心"，以培养学生自主学习能力为主要目标的一种教学活动。作为知识社会教育体系中的一个重要组成部分，它在高等教育中也得到了充分的应用。它突破了传统教育课堂面授学习的局限性，学生能够不受教育时空的限制，充分利用教育技术和多媒体手段，开展自主学习。所谓自主学习，就是"自我导向、自我激励、自我监控"的学习。这种学习充分体现了学习者的主体性和能动性。

（一）远程教育中自主学习的主要特征

就远程教育来说，自主学习主要有以下五大特征。

1. 主动性

远程教育的学习建立在学生从被动学习到主动学习的基础上，因此主动性是自主学习最突出的特征。它也是开展远程教育的前提和保证。学生主动学习的心声就是"我要学"。"我要学"是学生对学习的一种内在需要，主要表现在学习兴趣和学习责任上。远程教育强调学习方式的转变，要求远程教育的教师在强化责任感的同时，还必须把学习的责任真正地从教师的身上转移到学生的身上。学习者只有产生浓厚的学习兴趣，有明确的学习责任，才能在学习过程中有精力地投入，有内在动力的支持，也才能从学习中获得积极的情感体验，取得高效率的学习效果。

2. 独立性

自主学习是独立学习，所以独立性也是自主学习的主要特征。它在学生的学习活动中表现为"我能学"。"我能学"是学生对学习的一种认知取向，表现为学生能够在学习活动中，不依赖他人，选择自己感兴趣的学习内容、确定对自己有意义的学习目标、选择适合自己的学习方式、制定符合实际的学习进度、设计自己满意的评价指标。

3. 技术性

远程教育是信息技术高度发展的产物，因此远程教育的自主学习是建立在现代信息技术基础上的。远程学习是在师生准分离的状态下进行的，学生的学习是借助多媒体教学资源来完成的，学生只有通过现代信息技术才能将中断的学习行为继续下去。因此，技术性是自主性的第四个表征，它在学生的学习活动中表现为"我能学"。也就是说，远程教育中的学生必须能够熟练地掌握现代信息技术，充分利用多媒体教学资源。

4. 开放性

远程教育中师生异地，没有严格的约束，这给学生的自主学习带来了更大的开放性。开放性在学生的学习活动中主要体现在以下几个方面：入学前，学生可以根据自己的爱好、习惯及优缺点，选择适合自己个性发展的专业；入学后，学生可以根据自己的学习特点及其他实际情况制订学习计划，确定达到目标所需要的时间；在学习过程中，什么时候学习、怎么学习都由自己确定。

5. 监控性

自主学习是一种元认知监控的学习，所以远程教育中的自主学习也有监控性这一突出特征。这一特征突出表现在学生对学习的自我计划、自我调整、自我指导、自我强化上，即学生能够对自己的学习过程、学习状态、学习行为等进行自我观察、自我审视、自我调节，能够对自己的学习结果进行自我检查、自我总结、自我评价、自我补救。

（二）远程教育中自主学习的过程

在远程教育学习支持系统的支撑下，远程教育中的自主学习过程主要包括以下五个基本阶段。在这五个阶段中，第二个阶段和第三个阶段是远程自主学习的核心部分。

1. 制订学习计划阶段

作为自主学习的主体，远程教育中的学生应该重视、调整自己在传统学习中的学习理念，变"要我学"为"我要学"；要加强学习自律意识，磨炼学习意志，养成自我激励、自我引导、自我发现、自我监控、自我检查和自我评价的学习习惯；要弄清楚课程的目标、要求和难点，使自己的学习有一个比较明确的起点和方向；通过与同学的交流和讨论，制订并调整自己的学习计划；通过交流，与其他的学习者进行深入的讨论，确定自己的大致学习步骤，达到共同进步的目的（在制订学习计划时，从学习支持系统中获取帮助也是非常重要的）；要充分听取教师和辅导人员的建议，在支持学生自主学习的管理制度和管理模式下，获得高度规范的教学管理制度的支持，使自己的学习能够得到必要的保障。

2. 获取学习资源阶段

远程学习者应该熟悉并能使用远程学习技术，这是对远程学习者素质的基本要求。学习者只有对计算机以及网络的基本操作有所了解，才能在网上获得自己需要的学习资料。在经济不发达地区，要重视利用文字材料、电视广播等各种学习资源、技术手段进行自主学习。在获取与利用学习资源的具体策略和具体步骤上，一是要确定学习目标；二是要规划学习进度；三是要学会选择媒体资源；四是要注意网络学习资源的选择。

3. 参与合作讨论阶段

这个阶段的讨论不仅包括学生与教师之间的讨论，还包括学生与学生之间的交流和讨论。讨论可以通过面谈、信函、电话、短信息、电子邮件、电子公告板、直播课堂或虚拟教室系统进行。其中，信函与电话在师生不能谋面的情况下是一种较为经济、便捷而又具有广泛适用性的通信方式。而在互联网已经开通的地区，参与合作讨论则主要是通过基于网络的通信方式，诸如电子邮件、电子公告板以及其他各种实时或非实时的网络通信工具来进行的。此外，由于远程通信方面的发展，即电视和电话技术的结合通过压缩视频、全带宽或卫星连接，为在虚拟教室里的远程面授教学提供了可能。

4. 提交学习成果阶段

这个阶段相对于其他阶段要简单一些。学习成果的界定比较宽泛：可以是一门课程结束之后书面考试的成绩，可以是就某个主题写作的论文，也可以是理论联系实际工作的项目汇报，一切视自主学习者的具体情况而定。提交的方式也不尽相同，可以是传统学校里提交的纸质材料，也可以是统一的书面考试，在面对面交流不方便的情况下，还可以在网络上开辟一个大家的作业提交区域，将学生的作业按照一定的命名方式提交，然后由教师或教辅人员收齐后进行评价。

5. 评价学习效果阶段

自主学习评价是远程教育的自主学习过程中不可或缺的一环，它以内外双向评价为主要特征，即教育者代表社会对受教育者自主学习动机、策略和能力等进行评价与受教育者内部自我监控评价相结合。远程教育中自主学习效果评价的内容包括学生的学习观、学习动机、学习策略、自我监控能力、学业求助能力、学习反思能力等。对于采用自主学习这种高度策略化的学习方式而言，单一的评价方法已不太可行，必然要求在自主学习评价中量性评定与质性评定相结合，并注重动态、纵向的形成性评价。

远程教学将"以学习者为中心"当作核心思想，它要求学习者能实现自主学习。但是，远程学习者由于原本都是在传统的教学模式中接受教育的，要求他们一开始便能自主和自制，显然是不可行的。因此，为保证学习者自主学习的顺利进行，为学习者提供学习支持服务就显得非常重要。

（三）远程教育中自主学习的影响因素

自主学习是学习主体独立地获取知识的行为，因而它要受主体和客体的影响和制约，主体认知水平的高低和客体环境的好坏决定着自主学习的顺利与否和效果好坏，所以影响远程教育中自主学习的因素可以从以下两方面分析。

1. 主观因素

影响远程教育学习者自主学习成功的主观因素主要包括学习者学习的基础、动机、能力等几个方面。

（1）学习基础。如果没有一定的学习基础，那么从事高一层次的学习是比较困难的；如果没有基础知识，那么学习者在以后的自主学习过程中就会遇到种种困难，从而影响自主学习的积极性和自觉性。因此，自主学习应该遵循循序渐进的规律，要先具备一定的学习基础。

（2）学习动机。动机是推动和指引个体从事各种活动的内部动因，其作用在于促进人们进行有目的的行动。学习动机实际上就是学习主体对学习的一种需求，是引起、维持和推动主体学习的一种内部动力。

（3）学习能力。如果学习能力不强，在自主学习过程中，遇到疑难困惑就无法解决，就会动摇信心和丧失勇气，自主学习就难以进行下去。

2. 客观因素

影响远程教育中自主学习的客观因素主要包括两类：一类是自主学习的环境因素，主要有学校环境、家庭环境和社会环境；另一类是自主学习的媒体因素，主要有文字教材、音像教材和计算机网上资源等媒体。

（1）环境因素。学校环境主要包括教室、图书馆、实验室、电脑室、校园文化、气氛、风气、人际关系以及学习支持服务系统等因素。一个宽敞、美丽、宁静、舒适，具有和谐气氛、功能完备的校园，能使人静下心来自主学习；而一个嘈杂喧闹如农贸市场的校园，怎么能叫人安心学习，更不用说自主学习了。家庭环境主要包括家庭的经济条件，家庭成员的文化程度、思想观念等。经济条件好，在家里学习的条件就好；如果家庭成员不理解、不支持学习者的学习，学习者的自主学习就有较大阻力。社会环境主要指社会学习氛围。社会是学习者学习的大环境，如果一个社会不崇尚学习、不鼓励学习，学习者的自主学习就有很多困惑和干扰。

（2）媒体因素。文字教材是知识的主要载体，文字教材的好坏直接影响学习者自主学习的效果。而对于现代远程教育来说，音像教材和网络资源对学习者自主学习的影响也越来越大。

（四）远程教育中自主学习能力的培养

远程教育环境下学生自主学习要求学生能主动地、有主见地学习，也就是要在教学过程中充分调动和发挥学生的主观能动性。在学习过程中，培养学生的自主学习能力尤为重要。要想培养这一能力，需要从以下几个方面努力。

1. 激发远程学习者的学习动机

学习动机是学生自主学习的内在推动力，它主要表现为学生的学习志向和愿望。远程学习者由于入学之前长期处于传统教育环境中，已习惯依赖教师的学习方式，自主学习意识淡薄。因此，远程教育中学习中心和教育者应加强引导，通过各种形式向学习者宣传讲解远程教育的特点和优势，加深学习者对新的教学模式和学习方式的理解和认同，促使他们转变学习观念；通过开展网上答疑、网上讨论、网上测试等活动，帮助学习者对远程网络学习环境的熟悉和适应，增强他们自主学习的信心。同时，帮助学习者树立对远程学习价值的正确认识，帮助他们通过对自身知识技能、智力水平及学习任务的分析，制定具体的、可实现的学习目标，以激发学习者的自主学习动机。此外，在教学过程中要利用各种教学途径、教学内容和激励机制等，调动学习者的学习积极性和主动性。

2. 丰富远程学习者的学习策略

要培养远程学习者的自主学习能力，教会他们一定的学习方法，重建他们的学习策略是非常重要的。学习策略的熟练掌握和运用是自主学习的重要保障，是一个成熟的、独立的自主学习者所必备的能力。在远程教育教学设计中，教育者不仅要注重"授之以鱼"，更重要的是"授之以渔"。在具体教学过程中，教育者要在结合教学内容的基础上提供尽量多的范例，讲明相关策略知识及策略使用的范围和条件，给予学习者充分的策略练习机会，使之熟练运用。同时，也可以考虑设计开发基于网络的远程学习策略指导咨询系统，对远程学习策略进行专门指导和训练。

3. 培养远程学习者的自我监控能力

培养远程学习者的自我监控能力就是指培养远程学习者控制整个自我学习过程（识别、规划、管理、评价、修改）的能力。在培养学习者尝试自我识别、组织、制订并执行学习计划、自主选择学习策略的情况下，还要培养其对学习进行自我评价的能力，并在学习的过程中不断总结经验，根据学习的实际情况调整学习的进度和方法，积极探索构建适合自己的、最佳的自主学习模式的能力。另外，要培养学习者通过现代通信技术主动、积极地与学校的教师、教育管理工作者联系，以便在学习环境中形成一个良好的反馈系统，帮助他们自主决策，共同探索和营建有效的自主学习方式。

4. 加强远程学习者的相互协作，增强归属感

马斯洛的需要理论认为，归属和爱的需要是人的基本心理需要，这种需要若长期得不到满足，就会降低行为效率，造成心理障碍。虽然远程教育以学生的自主学习为主要方式，但也同样支持协作学习。加强协作学习可以减轻远程教育环境中学生的孤独感和心理压力，有效稳定和刺激学生的学习动机。因此，在远程教育的自主学习中，教师要充分利用远程教育的技术优势，使学生在自主学习的同时学会并习惯在信息技术支持的虚拟交流空间进行协作，进行思维的碰撞，以利于他们用多重观念理解知识，思考问题，增加生成性学习的机会，并增强归属感。

5. 为远程学习者提供信息技术保障

培养远程学习者的自主学习能力还必须加强信息技术的支撑与保障作用。在教育信息传播过程中，信息技术把教师的教与学生的学紧密联系起来，并通过互相反馈，达到教与学在方式、风格、内容上的最佳契合。现代远程教育环境中的学习，由于与传统的学习方式有所不同，因此更加需要学生主动地通过各种媒体来加强互动，这就是自主学习的精髓，即学习不是在没有支持的独立状态下进行的，而是在主动与周围环境的交互作用下达成的。所以，决定自主学习的关键因素是个体与环境的交互，而支撑交互的信息技术则是自主学习成功的关键因素之一。

二、远程教育中的学习支持

远程教育中的学习除了以课程材料为核心的教育资源创作、设计、开发、发送与评价作支撑外，学生学习支持服务也是一个重要的支撑。完善的学习支持服务系统能够有效保证远程教育质量、降低辍学率，同时直接决定着远程教育的成败。因此，必须重视远程教育中学习支持服务系统的构建。

（一）学习支持的内涵

学习支持也可称为"学习支持服务"，是伴随着远程教育而产生的，它一开始只是作为解决函授教育中的辍学问题而提出的一项措施，是课程设计、开发和发送的函授教育的补充部分，但后来逐渐发展成为远程教育的一大基本功能，并逐渐成为新一代远程教育的核心。学习支持服务思想体系伴随着长期的远程教育实践与研究也越来越成熟。

对于学习支持的理解，向来有不同的解释。有学者认为，学生学习支持服务就是师生之间或学生之间的人际面授交流活动。这一界定来源于对传统校园面授教育的亲近和认同。它是对学习支持最原始也是最狭义的理解。后来出现了一种更为普遍的界定，即将学生学习支持服务分为包括师生之间或者学生之间的人际面授活动和基于信息通信技术媒体的双向交流两大部分。远程教育受到关注后，有学者将学生学习支持服务界定为远程学生在远程学习时接受到的各种信息的、资源的、人员的和设施的支持服务的总和。

总之，学习支持的内涵变得越来越宽泛。在此，我们认为远程教育中的学习支持就是学生从注册学习课程的远程教学院校得到的各种学习支持服务的总和。

（二）学习支持服务的类型

根据上述学习支持的概念界定可知，远程教育中的学习支持服务主要包括以下四种。

1. 信息服务

信息服务既包括向学生单向发送的课程注册信息、广播电视教学节目信息、网络课程教学信息等，也包括对学生求助信息、咨询信息或反馈信息的答复。

2. 人员服务

人员服务包括人际面授活动和基于技术媒体的双向通信交互活动两大类。在为远程学习提供的诸多人员服务中，辅导服务或教学辅导是最基本、最重要的一种人员服务，并且是与学生学习课程内容直接相关的一项教学服务。教学辅导服务可以是以班级或小组为单位集体进行的，也可以是个别进行的，可以人际面授（在平时或周末，在学生工作单位、当地学习中心或其他教学基地，或者举办短期住宿学校或课程培训），还可以通过通信媒体进行"非面授"和"非连续"的函授辅导、电话辅导、电视辅导、音频视频会议辅导和网络辅导等。

咨询服务是除教学辅导之外又一种重要而常见的人员支持服务。它是远程教育院校及其代表对学生在学习期间遇到的各类（与学习有关的和与学习无关的）问题提供解答、帮助和建议的服务。从学习支持服务的功能分工上讲，教学辅导和咨询具有不同的服务功能和内容，对那些与课程学科教学内容有关的问题，以及与各类课程学科性质和教学内容相关的特定的学习方法和策略问题的解答和帮助应该归属教学辅导服务。而咨询通常是对那些与特定课程学科教学内容无关的交流或个人的问题的解答、帮助和建议。

3. 资源服务

资源服务就是给远程教育中的学习者提供全面的资源支持，这些支持涉及资源环境的改善、资源的共享和传播形式的完善、收集学习者对资源使用的反馈信息等内容。在资源服务中，包括课程材料发送、图书馆服务、网络资源服务等形式，其中图书馆服务是最重要的服务形式。这里的图书馆不再是传统的藏书库、阅览室，而是通过计算机网络与全国各地大学、图书馆、博物馆联网，拥有多媒体、多载体馆藏资源和各种动态开发资料库、数据库的电子图书馆。远程教育院校的图书馆还应具有自己作为开放与远程服务的专业特色，建立从校本部到各地学习中心辐射的分布式网络结构的电子图书馆系统。同时，要与其他大学的公共图书馆结成紧密的协作关系，实现资源共享。

4. 设施服务

设施服务就是远程教育院校及其在各地的学习中心或教学站点为学生提供各种学习设施和设备服务。上述信息、资源、人员服务都是在设施服务的基础上进行的，设施服务为其他各类学习支持服务提供了物质技术基础与保障。设施服务主要包括图书馆相关设施服务、视听设备服务、通信设备服务、计算机及网络服务等。

（三）学习支持服务系统的结构

远程教育是一种师生时空分离并依靠媒体技术对教与学的过程再度进行整合的教育形式。由于远程学习者主要以自主学习为主，师生间交互的缺乏和非连续性为远程学习带来很多阻碍，因此为远程学习者提供学习支持尤为必要。世界各国在具体实现远程教育支持服务时，在内容、形式、深度、研究方向上存在许多不同之处，但根据对学习支持服务系统构成要素的分析，远程教育中学习支持服务体系的系统结构一般有四个构成要素，它们分别是学习者、教师、服务资源和通信媒体，四者之间有着紧密的联系。

在支持服务系统里，教师是支持服务的提供者；学习者是支持服务的接收与获得者。教师根据学习者的需求和特点，一方面通过通信媒体与学生进行内容丰富的双向对话交流，向学习者提供针对服务资源的各类支持服务；另一方面积极建设丰富的以通信媒体为载体的各类服务资源，给学生对资源的学习提供支持服务。

学习支持服务系统具有开放性、丰富性、选择性、灵活性、远程性等特征，其总的目标是为学生提供有效的学习引导服务，形成完善的学习服务体系，提供准确、及时、有效的信息服务，提供个性化的职业生涯和职业发展服务等。

学习支持服务系统的运行应坚持以学生为主体，努力为学生自主学习和个性化学习提供完善的管理、咨询、辅导、答疑、沟通等服务，营造一种有助于学生自主学习的环境，不断加强远程教育学生支持服务。远程教育在为自主学习的学生积累丰富学习资源的同时，还要建立一种具有高度平等和互助性的学习方式，形成一种更有活力的学习环境，增强远程教育中学生自主学习的平等性、互助性和理解性，消除自主学习的学生在社交方面的孤独感，这有助于增进学生之间的关系。

（四）构建学习支持服务系统的原则

在现代远程教育学习支持服务系统的建设与运行中，为保证对远程教育学习的实际推动效果，要遵循以下几个基本原则。

1. 以学生为中心的原则

以学生为中心是远程教育的本质特征和核心思想，它是指整个学习支持服务系统的构建要充分考虑学生个体差异和全面发展的需要，整个系统要围绕学生的特点、学生的需求和学生的学习设计、组织和运行。这一原则是构建学习支持服务系统的最重要、最基本的原则。

2. 多元化原则

学习支持服务系统需要为学习者提供在学习过程中各个环节所需要的所有支持与帮助。在具体实践操作过程中，服务项目、内容要逐步丰富并完善。支持服务的开展应该是多方位、多层次的。比如，在学习资源的服务上，既要提供相对简单的实用资源，如传统文字教材、学习辅导等，又要提供较高级、精致的资源，如多媒体课件、电子教案等网上资源，最大限度地满足学习者的需求。

3. 综合性原则

学习支持服务系统的设计和构建在内容和形式上都要体现出综合性，通过要素的取舍、功能的区分、资源的配置、媒体的选择以及关系的协调等方面的统筹规划和综合考虑，使学习支持服务系统能充分发挥其整体功能，取得最大的效应。这就是学习支持服务系统构建的综合性原则。学习支持服务系统要为学生的远程学习提供全过程、全方位的服务，那么其内容要素体现出极高的综合程度，要从分析服务需求、设定服务目标、选择服务策略、传送学习资源、评价服务效果等方面进行综合考虑。

4. 及时性原则

及时性原则一方面要求教师对学习者的服务要求做出及时、快速的反应，以缩短交互影响距离；另一方面要求支持服务系统要根据学科的发展、社会的要求、科技的进步，及时更新学习资源，调整服务策略与方式，使学习者得到及时有效的帮助。

5. 适应性原则

学习支持服务系统的支持服务内容、服务项目的设置要符合远程学习者的实际需求，支持服务方式的选用要符合学习者的实际情况，确保远程学习者没有接受的不便，或因为某些原因造成服务要求受到阻碍。这一原则要求充分考虑学习者的需求，如学习者的年龄、性别、职业、个性、学习经历、学习动机、经济状况等的差别对学习支持服务系统的不同要求，从而向学习者提供个性化的服务。

6.因地制宜原则

由于各地经济、文化发展存在一定的差异，所以远程教育的发展具有不平衡性。因此，远程教育的学习支持服务系统的构建不能搞一刀切，既应符合现代远程教育的基本原则和要求，也应因地制宜，特别是经济文化发展相对滞后的西部地区，更应当从教育经济学的角度考虑，既要重视基于互联网的运行平台，也要注意运用有相当运行基础的数字卫星电视、音像等二代媒体。总之，我们不应当简单地以现代化手段和多媒体资源运用的多少来衡量学习支持服务体系构建的质量，而是要提倡在混合学习理念的指导下，因地制宜地去构建学习支持服务体系。

第六章　高等教育信息素养提升与培养

进入 21 世纪后，"信息""信息时代""信息化"等词汇充斥着整个社会，可见信息对社会的影响之深、之大。在这种时代环境下，教育领域同样受到了信息的影响。教育跨入信息化时代，当代信息技术的发展使得全球掀起了学习方式变革之风，在这场变革中，高等教育信息素养发挥了极其重要的作用。因此，为了适应教育信息化的发展，赢得高等教育改革的最终胜利，教师要不断提升自身的信息素养。本章主要对信息技术条件支持下的教师专业发展、教育信息化战略规划人才及其培养以及教师信息素养的结构构建及其提升措施等内容进行分析探讨。

第一节　信息技术条件支持下的教师专业发展

信息技术不仅是教育实践中的工具，也是教师专业发展有力的手段。本节主要对信息技术条件支持下的教师专业发展进行研究。

一、教师专业发展

对于教师专业发展的内涵，不同的学者有不同的看法。我国部分学者认为："教师专业发展就是教师专业成长或教师内在专业结构不断更新、演进和丰富的过程。"

国外学者对"教师专业发展"的理解多种多样。霍益尔认为："教师专业发展是指在教学职业生涯的每一阶段，教师掌握良好专业实践所必备的知识与技能的过程。"

戴（Day）在综合众多学者观点的基础上提出了一个颇具包容性的概念："教师专业发展包含所有自然的学习经验和有意识组织的各种活动，这些经验和活动直接或者间接地让个体、团体或学校得益，进而提高课堂的教育质量。"

综上所述，本书认为，教师专业发展就是教师不断提升自己的专业意识，不断接受新知识、提高专业能力的过程。在这一过程中，教师通过不断的反思、探究、建构新知识、增长专业技能、培育专业精神、拥有专业自主权、具备专业发展意识，从而达到专业成熟的境界。

二、信息技术条件下教师专业发展的新要求

随着信息技术的大量引入，教师教育中的教师专业发展一直深受信息化的影响，这种影响对教师提出了新的要求，教师不仅要重新定位自己的角色，也要不断提高自身的信息素养。

（一）重新定位角色

在信息化推动下，新的课程和教学改革使教师所扮演的角色发生了天翻地覆的变化，这就需要对教师重新进行角色定位。在当代社会中，教师的角色定位主要包括以下几个方面的内容。

1. 导师

在现代社会中，高度发达的信息技术给教师的角色定位带来了深远的影响。一方面，发达的信息技术使得人们获取知识变得更为便捷，这就在很大程度上弱化了教师作为知识传递者的角色；另一方面，信息技术又有效地强化了教师的导师身份。从整体上来看，教师的导师身份主要体现在引导、指导、诱导、辅导和教导这五个方面。

2. 终身的学习者

在当代社会中，信息技术向教师提出了终身学习的要求。为了适应现代社会发展所提出的新要求、为了把学生培养成为合格的人才，教师必须使自己得到相应的提升。与此同时，信息技术也为教师的终身学习提供了十分便利的条件，教师可以借助先进的技术手段进行学习，提高学习的质量和效益。

3. 信息资源的设计者和查询者

在现代社会中，信息技术高度发达，这种时代环境有利于学生主动探索和对所学知识的意义建构。需要指出的是，学生建构主义式的学习需要教师为其提供各种相关的信息资源。这就要求教师能够熟悉地掌握多媒体技术、网络通信技术，学会在网上查找信息，能够确定学习某种主题所需要信息资源的种类和每种资源在学习中的作用。教师只有掌握了这些技术，才有可能为学生的学习活动创造良好的环境。

4. 课程的设计者和开发者

在信息技术条件下，教师应当从宏观上发挥其课程设计者的作用。教师在制定课程体系时，对于传统课程内容的改革必须根据社会发展对课程内容的要求，以新的知识、技能、技巧来对传统课程进行整改。

在课程开发与设计工作中，还必须注意相关教育理论对于实践的指导作用。例如，可以建构主义学习理论为基础对课程教学的组织形式、教学策略等进行改革。

5. 协作的研究者

在信息技术条件下，教师的教育活动与科研活动的联系日益密切。在教师教学与科

研实践中，不仅要培养富有创新精神的学生，还要不断完善自我。这就要求教师在教学研究中善于通过网络与其他教师进行协作交流，共享教学经验。

总而言之，在当今信息时代下，无论教师通过怎样的途径和方法去适应时代发展的要求，其目的都是要促进学生在学习中主体作用的充分发挥，最大限度地激发学生的积极性，使学生真正成为学习的主动建构者。

（二）提高信息素养

在当代社会中，信息化在教育领域得到了广泛应用，教育信息的发展要求教师必须具备较高水平的信息素养。教师信息素养的高低在一定程度上决定了其所教育的学生的信息素养水平。因此，当代社会中的广大教师必须学会充分利用各种可利用的因素，努力提高自身的信息素养，培养出更多更好的符合时代需要的人才。对此部分内容，本章第三节会有详述，此处不再赘述。

二、信息技术在教师专业发展方面的作用

在现代社会中，信息技术为教师的专业发展提供了相当便利的条件，使之可以更好地实现。具体来说，信息技术对教师专业发展的促进和支持主要体现在促进教师个体专业的发展和教师群体专业的发展两个方面。

（一）信息技术能够促进教师个体专业的发展

信息技术不仅可以成为教师个人的认知工具，还可以帮助教师对其专业发展进行反思和实践，同时支持对其发展过程进行管理。信息技术对教师个体专业发展的影响和支持是比较明显和直接的，主要以个性体现与个人知识管理为主。

1.信息技术能够帮助教师充分认识个人专业发展

在信息时代，信息技术能够促使教师意识到自身专业发展的必要性和紧迫性，从而促进教师专业发展。信息技术能提供理论指导和技术支持，为教师的个人学习和发展提供资源支持。在当代社会中，诸如微信、QQ 等交流工具以及 VLEs 虚拟学习环境都能够支持教师专业发展。这些软件工具为教师个人的学习和进步以及知识更新带来了极大便利，利用这些工具，教师能够更加方便地收集获取各类需要的信息资源，对个人知识进行管理，还可以与其他专家同行进行专业方面的交流。除此以外，现代信息技术为教师的专业发展创造了良好的信息环境，这就为教师提供了终身学习的平台，极大地促进了教师的个人专业发展。

2.信息技术能够为教师专业发展提供技术支持

反思对于教师的专业发展有着非常重要的作用，是教师获得专业发展的重要途径。信息技术可以为反思和实践提供有利的技术支持，在教育实践中，教师可以利用 Blog、BBS 平台进行教育叙事研究与反思，在总结经验过程中提高自己。除此之外，教师也可

听取同行、专家的意见，在借鉴他人教育经验的过程中不断完善自己。

3.信息技术为教师个人专业发展提供管理支持

教师专业发展的效果和成果是最让人关注的，信息技术可以为教师专业发展管理提供有效支持。对于现代社会中的教师而言，由于各方面条件的限制，其自我发展的需求不能得到很好的满足。现代信息技术的飞速发展给教师教育带来了良好机遇，教师可以利用多媒体课件、网络课程、网络平台等，通过远程教育来有效地促进自身的专业发展。

随着信息技术的快速发展，现代数字技术为教师管理个人知识和研究活动提供了极大便利。具体来说，教师可以将自身的知识加以整理，通过知识的共享与交流，与他人分享经验与教训，积极吸收他人有价值的知识、不断充实自身的知识资源、完善自己的知识结构，最终实现个人与集体的共同提高与成长。

（二）信息技术能够推动教师群体专业发展

教师是群体性的，每一位教师都是成长于具体的学校大环境中的，因此学校组织和教师群体对教师个人发展的作用这一点是必须重视的。由于信息技术在促进组织内部的协作以及促进个人知识向组织知识发展的方面有着巨大作用，所以教师可以通过专门设计和开发的虚拟学习环境，转变目前存在的管理困难与协作不足的问题，以实现教师专业发展的有效协作和群体能力发展。

三、信息技术支持下教师专业发展的趋势

人类社会发展至今，教师专业发展已经取得了可喜的成绩。随着世界教育改革的进一步深化，教师教育和教师专业发展受到了前所未有的重视。在信息时代，教师专业发展表现出了以下几种趋势。

（一）多样化的实现途径

在信息技术环境下，教师专业发展途径开始出现多样化的发展趋势。这集中表现为以下三个方面。

首先，通过高度发达的信息技术，能够为教师同行之间、教师与专家学者之间提供便捷的交流平台。

其次，可以通过开展"校本研修"活动促进教师专业发展。从本质上来说，校本研修是以学校为基地、通过校外专家和校内有经验教师的专业引领，促使本校教师专业可持续发展及提高学校办学水平的一种教育实践活动。

最后，在信息技术环境下，出现了很多教师学习共同体，如教育论坛、QQ聊天群、微信聊天群等，这些都满足了教师自主发展和群体交流的需要。

（二）综合化的发展模式

目前，信息技术已经在教育领域中得到了广泛应用。教师只有对于技术整合的教育目标、教学模式、合作探究等有了深入的了解，才能在教学实践中将信息技术融合进去。在信息技术条件下，教师专业发展必须寻找和探索新的发展模式。但传统的教师专业发展模式并不过时，因而在这种新形势下，教师可以根据实际条件和发展需要，综合选择和利用多种发展模式，以达到最佳效果。

（三）动态化、全面化的评价方式

利用评价手段促进教师专业发展是教育管理者长期关注的一个课题。客观来说，对教师的科学评价能够真实地记录教师专业发展过程中的关键信息，并就这些信息对于教师专业发展的价值进行评判，为教师日后的成长提出一些有针对性的建议。在信息技术支持下，人们可以通过利用现代信息技术工具，实时、准确、完整地记录教师的学习、反思、实践活动，将评价活动与教师专业发展活动紧密结合，制定出一整套相对客观、完善的评价体系，对教师专业发展的过程和结果进行动态、客观的评估，促进教师的专业发展。

（四）从个体专业发展逐渐发展为群体专业发展

仅仅依靠个别或者少数优秀教师是很难提高学校组织中整体的教学质量的。要真正提高学校教学质量，形成学校特色，就必须实现教师群体专业的发展，建立学校组织文化。也正因如此，当代教师的专业发展呈现出从强调教师个体发展到整个团队或群体发展的趋势，教师团队和学校组织成为教师专业发展的重要力量。在信息时代，广大教师必须适应信息化学习环境、资源和方法，真正做到将信息技术自觉地融于课程教学之中。只有这样，才能够保证教学活动的优质、高效，从而更好地实现教师专业发展的目标。

第二节 教育信息化战略规划人才及其培养

人才是一个国家宝贵的资源和财富，是一个国家在激烈的国际竞争中一直保持优势地位的不竭动力。教育信息化人才，尤其是教育信息化战略规划人才至关重要。本节主要探讨教育信息化战略规划人才及其培养。

一、教育信息化战略规划人才概述

（一）教育信息化战略规划人才的概念

教育信息化战略规划人才是从事教育信息化战略规划研究或实践活动的高层次人才，具体从事教育信息化发展规划、教育信息化发展战略、教育信息化发展趋势、教育信息化政策等战略层面研究，或教育信息化发展规划的研制和教育信息化政策的制定。教育信息化战略规划人才属于教育信息化人才的下位概念，内涵相对较少，是教育信息化人才的重要组成部分。教育信息化战略规划人才，既要懂管理、又要懂技术，还需具有很强的沟通协同能力，是典型的复合型人才。

（二）教育信息化战略规划人才的特点

教育信息化战略规划人才所从事工作内容的特殊性，决定了他们具有一般人才不具有的素养。教育信息化战略规划人才具有以下几方面特点。

（1）兼职性。除少数致力于从事教育信息化战略规划研究的专职人才外，大部分教育信息化战略规划人才是兼职人才，在担任教育信息化战略规划研究或研制任务的同时，他们还承担管理、教学、研究等工作任务。

（2）前瞻性。教育信息化战略规划人才具有视野开阔、思维灵活、前瞻性强的特点。

（3）协同性。教育信息化战略规划人才具有跨学科、跨部门的协同工作能力。

（4）思维性。教育信息化战略规划人才具有较强的思维能力，尤其宏观思维能力和系统思维能力。

（三）教育信息化战略规划人才的作用

教育信息化战略规划人才是教育信息化发展的领军人物，是促进教育信息化未来发展的重要力量，其作用主要表现在以下几方面。

第一，教育信息化战略规划人才是教育信息化未来可持续发展的重要保障，是促进教育信息化发挥最佳功能和效益的中坚力量。

第二，教育信息化战略规划人才是教育信息化发展的设计师与引领者。教育信息化战略规划人才是教育信息化研究课题的设计师，是教育信息化研究方向的引领者和把关人。

第三，教育信息化战略规划人才的水平与教育信息化战略规划的水平成正比，只有高水平的教育信息化战略规划人才，才能研制出高水平的教育信息化战略规划，从而保障教育信息化沿着正确的方向前进，避免或减少教育信息化发展过程中的损失。

第四，教育信息化战略规划人才是各级各类教育管理部门、电教馆（教育信息技术中心）、学校、企业等教育信息化战略规划的研制者和研究者，是推进教育信息化实现教育现代化的领军人物。

（四）教育信息化战略规划人才的胜任能力

教育信息化战略规划实践工作的复杂性和前瞻性，决定了教育信息化战略规划人才胜任能力的复杂构成。教育信息化战略规划人才能力包含知识结构、基本素养和基本能力三个方面。

1. 教育信息化战略规划人才应具有的知识结构

作为复合型人才，教育信息化战略规划应具备战略规划学、教育战略规划学、教育学、教育技术学、管理学、系统科学、协同学、未来学、预测学等学科的综合理论素养和开阔的学科视野，具有扎实的教育信息化理论知识与实践能力，能够把握教育信息化发展的趋势，能够创造性地推动教育信息化发展，最大限度地发挥教育信息化的功能与作用，达到引领与变革教育，最终实现教育现代化。

教育信息化战略规划人才只有拥有跨学科的知识结构，才能以开阔的视野，全面分析教育信息化实践活动中面临的各种问题，创造性地提出解决策略与方法。单一学科的知识结构，容易使人的思维局限于固定思维模式，陷入"只见树木，不见森林"的境地。

2. 教育信息化战略规划人才应具有的基本素养

21世纪既是信息化时代，又是数字化时代，这个时代对人类提出了新的能力要求。为了在21世纪得以生存，年轻一代应该需要具有21世纪的素养。教育信息化战略规划人才具有的基本素养包括信息素养、专业素养、职业素养和思维素养等。

（1）信息素养。信息素养是人们步入数字化时代必备的基本素养之一，是一种对信息社会的适应能力，拥有较高的信息素养是21世纪的人才必备的典型特征。信息素养具体包含信息意识、信息能力和信息伦理。

信息意识是客观存在的信息和信息活动在人脑中的反映，表现为人们对信息的敏感力、观察力和判断力。信息意识具体包括信息价值意识、信息获取与传播意识、信息保密与安全意识、信息辨别意识、信息动态变化意识等。

信息能力指获取、处理、传输、存储、表达信息，以及创新利用信息的能力。

信息伦理又称为信息道德，它是处理人们之间以及个人和社会之间信息关系的行为规范。信息道德包含个人信息道德和社会信息道德。

（2）专业素养。专业素养又称为专业素质，指从事某一特定行业所具备的专业理论知识和技能。教育信息化战略规划人才应具有较高的专业素养，具体表现为拥有战略规划学、教育战略规划学、教育学等跨学科的知识结构，掌握教育信息化战略规划的理论与方法，能够开展教育信息化战略规划方面的课题研究，能够主导教育信息化发展规划研制工作，能够对教育信息化发展规划进行评估，能够有效执行教育信息化发展规划。

（3）职业素养。教育信息化战略规划人才的职业素养，是从事教育信息化发展规划研究或研制活动中所表现出来的综合素质，包含职业信念、职业道德、职业技能、职业行为等。教育信息化战略规划人才应该具有推动教育信息化发展、推动社会和人类发展的社会责任感和使命感；应具有高尚的职业道德，面对教育信息化战略规划中涉及的各利益相关者，能够做到平等相待、相互支持、共同发展。

（4）思维素养。教育信息化战略规划人才更应具有较高的思维素养，包括宏观思维、发散思维、求异思维、转换思维、逆向思维、迂回思维、急智思维、博弈思维、逻辑思维、定向思维、辩证思维、推理思维、形象思维、直觉思维、互动思维、系统思维、复杂性思维、线性思维与非线性思维等思维能力，养成良好的思维品质和思维习惯，以便游刃有余地处理教育信息化发展过程中的各种问题。

3. 教育信息化战略规划人才应具有的基本能力

教育信息化战略规划人才应具有的基本能力包括教育信息化领导力、学习力、决策力、领导力、执行力、管理能力、沟通协同能力、预测能力、评估能力。

第一，教育信息化领导力，又经常被称为信息化领导力、教育技术领导力、信息技术领导力、技术领导力、IT 领导力、科技领导力等。教育信息化领导力是教育信息化战略规划人才必备的基本能力之一，对推动教育信息化建设与发展起着至关重要的作用。

第二，学习力包含学习动力、学习毅力和学习能力三要素。学习力是把知识资源转化为知识资本的能力；学习能力是由学习动力、学习毅力直接驱动而产生的接受新知识、新信息，并运用新知识、新信息分析问题和解决问题的能力。

第三，决策力是每个人都具有的能力，但并不是每个人都具有很强的决策力。教育信息化战略规划人才所面对的很多工作，都需要做出决策判断，因而需具有较强的决策力。

第四，领导力是领导者素质的核心，是指领导者应具有的领导魅力和领导能力。教育信息化战略规划人才是教育信息化建设与发展的领导者，除应具有教育信息化领导力外，还应具有优秀管理者所具备的领导力。

第五，教育信息化战略规划的实施效果，在很大程度上取决于教育信息化战略规划的有效执行程度。教育信息化战略规划的有效执行程度越高，教育信息化战略规划的实施效果就越好。为促使有效执行教育信息化战略规划，教育信息化战略规划人才需具有很强的执行力。

第六，教育信息化战略规划人才扮演着重要的角色，应具有很强的管理能力。教育信息化战略规划人才的管理能力，具体包括教育信息化管理、战略管理、绩效管理、风险管理、战略规划团队管理能力等。

第七，在教育信息化战略规划研制过程中，需强化教育信息化战略规划团队的协同能力，加强彼此间的沟通与协调，拓展沟通途径、加大沟通力度。极其复杂的教育信息化战略规划过程，决定了教育信息化战略规划人才需具有很强的沟通协同能力。教育信息化系统各部门之间沟通协同融洽与否，直接影响着教育信息化系统的运转效率。

第八，教育信息化战略规划人才应具有较强的预测能力，可以较为准确地预知教育信息化战略规划实施后的预期结果，从而增强教育信息化战略规划的精准性。教育信息化战略规划人才具有较强的预测能力，还可避免因决策失误而带来的精力、物力、财力等方面的损失。

第九，教育信息化战略规划人才的评估能力，既包含对教育信息化现状、功能效益的评估，也包括对教育信息化战略规划研制过程、实施过程和实施效果的评估。适时对教育信息化和教育信息化战略规划进行评估，是促进教育信息化和教育信息化战略规划发展的重要措施。

二、教育信息化战略规划人才的培养

战略规划人才的培养具有很大的难度，是最难培养的人才之一。培养教育信息化战略规划人才，应从以下几方面入手。

（一）重视教育信息化战略规划人才的培养

当前，教育信息化领域对教育信息化战略规划人才的地位和作用认识不透彻，对教育信息化战略规划人才的重视程度不够，更没有意识到应加强教育信息化战略规划人才的培养。当前教育信息化战略规划人才多是从教育信息化人才的基础上自发成长，由于研制教育信息化战略规划的需要而被动成为教育信息化战略规划人才。这就使得教育信息化战略规划人才的专业化程度不高，严重影响了教育信息化战略规划的进度。教育信息化战略规划实践活动是一项专业化程度很强、复杂程度很高的工作，因而迫切需要专业化的教育信息化战略规划人才。

（二）创立教育信息化战略规划学

任何一个学科创建伊始，其人才培养目标的定位、课程资源的建设、师资队伍的组建等都面临着很多问题。学科创建伊始的诸多问题都是一个从不清晰到逐渐清晰的过程，这也是一个学科从潜学科逐渐成长为显学科的过程。由于教育信息化战略规划人才多具有兼职性的特点，因而暂不适合设立教育信息化战略规划学学士学位，不宜招收教育信息化战略规划学本科生，但是可招收教育信息化战略规划学方向的硕士生、博士生，可设立教育信息化战略规划学博士后科研流动站和博士科研工作站。

（三）开发教育信息化战略规划系列课程

课程资源是培养教育信息化战略规划人才的重要基础，课程资源的质量与水平直接影响教育信息化战略规划人才培养的质量与水平。拥有高质量、高水平的教育信息化战略规划课程资源，才能够培养出教育信息化战略规划人才。

（四）加强教育信息化战略规划研究

尽管目前已有专家学者开始关注教育信息战略规划研究，但是教育信息化战略规划研究成果还相当匮乏。教育信息化战略规划的理论与方法、教育信息化战略规划人才的培养、教育信息化战略规划的有效执行、教育信息化战略规划的评估、中外教育信息化战略规划比较、教育信息化战略规划课程建设、教育信息化领导力，以及教育信息化项目规划、管理与评估等有待进一步研究。

（五）组建跨学科、跨领域、跨机构的教育信息化战略规划学师资队伍

教育信息化战略规划人才应具有跨学科的知识背景、多种基本素养和基本能力，这对教育信息化战略规划学师资队伍提出了非常高的要求。组建跨学科、跨领域、跨机构的教育信息化战略规划学师资队伍是培养教育信息化战略规划人才的必要手段，有利于从多视角培养教育信息化战略规划人才，从而为教育信息化战略规划人才形成开阔的视野，养成宏观、灵活的思维方式奠定基础。

第三节 教师信息素养的结构及其提升措施

信息时代对教育提出了新的要求，教育已不再仅仅是为学生打下扎实的知识基础，还包括全面提升学生的素质，其中一个重要内容就是对信息的归纳、概括及分析判断能力。这就需要教师不断完善自身的信息素养和技术能力结构，只有这样，才能够适应教育信息化的发展。本节主要对教师信息素养的结构及其提升措施进行分析研究。

一、教师信息素养的结构

教师信息素养是指教师在传递信息的实践基础上，根据社会信息环境和发展要求，自觉接受教育和进行完善而逐步形成的对待信息活动的态度，以及利用信息去解决问题的能力。

具体而言，教师应具备的信息素养主要包括信息意识、信息知识、信息能力、信息道德、信息创新。

（一）信息意识

所谓信息意识，就是指人在信息活动过程中表现出的敏感度、判断力和洞察力，以及形成的认识和观念。信息意识的树立与培养，是教师在教育教学过程中自觉运用信息技术的基本前提。同时，教师也只有不断增强自身的信息意识，才能够做到主动积累信息知识、提高自身的信息能力，进而促进信息素养的提升。相关实践表明，如果教师拥有较强的信息意识，就会在教学过程中表现出较强的敏感性，时时刻刻把信息技术"记"在心头。

总的来说，信息意识具体体现在以下三点。

第一，能够充分认识到信息在社会发展中发挥的重要作用，并树立终身学习、积极创新的观念。

第二，具有强烈的获取信息的欲望。只有具备获取信息的欲求，才会产生获取信息的行为，进而适应社会的发展。

第三，对信息具有较强的敏感性，能够准确筛选出有价值的信息。

（二）信息知识

信息知识是指与信息的产生、传播、运用相关的内容。作为信息素养的重要组成部分，信息知识主要包括多媒体知识、网络知识、课程整合知识、外语知识、终身学习、基本信息知识六个方面。

1. 基本信息知识

信息时代，教师想要提升自身的信息处理能力，就必须具有一定的阅读能力，有效地获取有价值的信息，了解信息技术的基本常识与历史、掌握基本的信息知识。

2. 终身学习

终身学习与信息素养的培养具有密切的联系。人们通过终身学习，能够获得发展所需的知识、价值、技能，并在任何任务、情况和环境中合理应用它们。

3. 外语知识

信息化社会是开放性的、全球性的，互联网是人们主要的信息交流平台。互联网上的信息 80% 是英语，教师只有掌握一定的外语知识，才能够实现信息的交流，适应当代教育信息化发展的要求。

4. 课程整合知识

为实现信息技术与学科课程的整合，教师要能够熟练地将信息技术与不同媒体进行重新整合，从而实现信息技术与学科教学的有机融合。

5. 网络知识

随着信息技术的飞速发展以及互联网的广泛应用，网络技术在教学中发挥着越来越重要的作用。在信息化时代，远距离教育和学生自主学习是两种重要的人才培养方式。各种教育机构、科研机构和公开文化设施通过计算机网络密切联系在一起，为学生营造了良好的学习环境。因此，在信息化教学中，教师必须掌握网络基本知识，具备网络的基本操作能力。

6. 多媒体知识

信息时代，教学在实施过程中会运用到多种媒体，这就要求教师了解软件的作用与特征、掌握各种软件的使用方法。

（三）信息能力

教师的信息能力主要包括基本信息能力和教育信息能力两大类型。

1. 基本信息能力

基本信息能力主要可以分为以下四个方面。

（1）信息系统的应用能力。信息系统的应用能力既包括对信息系统硬件系统的操作能力，又包括对软件系统的使用能力。例如，教师能够对多媒体计算机进行熟练的操作，能够熟练运用网上通信、查询、浏览等软件工具。

（2）信息搜索获取能力。信息搜索获取能力是指教师收集、获取信息的效率和质量。教师信息搜索获取能力的强弱主要取决于其对信息源的了解程度，以及对信息检索工具和检索方法运用的熟练程度。

（3）信息的加工能力。从实质上讲，信息加工在原有信息的基础上对信息的重新再造，包括对信息的分类、理解、综合和评价。

第一，分类，即按照一定标准对信息进行筛选和分类的处理。

第二，理解，即准确把握不同信息的内涵和特点，了解信息的内在价值和意义。

第三，综合，即在对信息进行分类和理解的基础上，将有用的信息进行重新组合。

第四，评价，即从信息的时效性、科学性出发，对其进行科学的价值评判。

（4）信息的应用能力。信息的应用能力就是在获取信息、加工信息的基础上，实现对信息的优化、表达和再生。

第一，优化，即通过对收集的信息进行加工处理，最大限度地发挥其效益。

第二，表达，即能够将自己的思想通过信息的形式呈现出来，向他人进行传播。

第三，再生，即利用信息工具对原有的信息资源进行重新整合，生成新的信息产品。

此外，与信息密切相关的其他各项活动的一般能力，如语言能力、思维能力、观察能力等有时被也归为基本信息能力。

2. 教育信息能力

教师的教育信息能力主要包括以下几方面。

（1）进行信息化教学的能力。随着时代的进步，科学技术的飞速发展，信息化教学受到了越来越高的重视。信息化教学以计算机多媒体技术、网络技术、人工智能等现代信息技术为技术支持，对教学进行了全方位变革。

（2）信息技术与学科教学整合能力。在信息化时代背景下，基础教育课程改革的一项重要内容就是实现信息技术与学科教学的整合，这也是实现信息技术课程目标的重要方式。因此，教师应具备信息技术与学科教学整合能力，深刻理解学科课程、熟练运用信息技术，并在此基础上实现教学设计。

需要强调的是，在信息技术与学科教学整合过程中，应将信息技术作为一种认知工具，积极引导学生获取信息、探索问题、解决问题和建构知识，实现学科教学与信息技术的融合。

（3）教育知识管理能力。教育知识管理能力是指在面对庞杂的网络信息资源时，能够及时获取有效的信息，并对其进行加工、处理，将各种教学资源转化为具有网状联系的规范知识集合，并对这些知识进行有效管理和利用。

教育知识管理能力要求教师遵循知识管理的基本原则，即积累、共享、交流的原则。积累是进行管理的基础，是对知识资源数量和质量的要求；共享要求学习组织内各成员之间的知识具有开放性；交流要求组织内成员之间要进行积极的沟通。

另外，教师还要对包括知识的生成工具、编码工具、转移工具在内的知识管理工具有一个深入的了解，并且能够做到熟练运用。

（4）信息教育的能力。在信息教育中，教师一方面要通过自身的努力学习，不断提升自身的能力；另一方面要积极引导学生接受信息技术教育。这就要求教师在实际教学过程中不断渗透信息教育的内容，并且在现实生活中能够自觉运用信息技术。

（四）信息道德

现代信息技术充斥着我们的生活，为教育教学信息的获取、加工、传输带来极大便利的同时，也带来了许多不容忽视的问题，如网络黑客、版权问题、个人隐私问题等，这些问题的出现给我们的道德教育提出了新课题，它对信息社会的每一个人都提出了新的要求。在信息化社会，就教师而言，不仅自身要具有良好的道德修养，还应具备进行信息道德教育的能力。

信息道德是指人们在获取、利用信息过程中，必须具备的信息道德思想，以及必须遵循的行为准则。教师在面对网络时，应具有高度的社会责任感，这是信息素养的首要道德。在进行每一项研究时，应考虑到这会造成多大影响，应考虑到社会效应。在信息道德规范下，教师在面对十分庞杂的信息时，应选择有用的、有积极影响的信息进行整合，形成有利于社会、有利于学生的信息，并指导学生学会判断、选择信息，为提升学生的信息道德水准做出表率。

一般来说，教师的信息道德修养主要包括以下几点。

第一，对文化多样性和各民族文化传统的关系有一个正确的认识。

第二，对全人类利益和民族利益的关系有一个正确的认识。

第三，能够有效排除信息技术环境的不良因素。

第四，自觉遵守网络环境下的行为规范。

第五，提高道德的主体性，遵循信息伦理道德标准。

（五）信息创新

随着社会的不断发展，竞争无处不在，因此要注重对创新型人才的培养。而承担着培养创新人才任务的教师，只有从自身出发树立创新意识，提升创新能力，才能为学生树立良好的榜样，促进学生创新能力的提升。

1. 教师的创新意识

教师的创新意识具体包括以下几点。

第一，保持怀疑，要对一些传统的观念和看法进行大胆发问，要善于发现和观察，关注其他人忽略的事物，在一些习以为常的事物中发现新的问题，敢于质疑大家公认的真理。

第二，对新事物要保持好奇心，并积极弄清它们的发展趋势，提出有价值的问题。

第三，能够敏感地发现问题，注意到某一情境中存在的问题。

第四，对问题的新颖性进行分析，能够提出与众不同又有科学依据的观点。

2. 教师的创新能力

教师的信息创新能力的重点应是能创造出各种条件来培养学生的创新能力。具体而言，教师要努力做到以下三点。

第一，转变传统的教学观念。教师不再是向学生灌输书本知识，而应注重调动起学生参与课堂的积极性，最大限度地激发学生的自主性。教师在利用多媒体信息网络教室进行教学时，不仅仅要向学生传授知识，更要教会学生掌握适合自己的学习方法。

第二，为学生营造良好的创新环境，鼓励学生进行大胆质疑，积极表达自己的意见和观点，培养学生的创新意识。当意识到学生提出的观点不正确时，不应立刻对其进行否定，而应逐步引导其认识到自身的问题所在，并积极探索出正确的结论。

第三，合理利用多媒体点播系统，以激发学生创新思维。教师在进行课程综合设计时，要发掘一些有利于训练学生创新能力的课题，启发学生自己发现问题、自己解决问题，使学生逐步养成独立获取知识和创造性地运用知识的习惯。培养学生发现问题、提出问题和解决问题的能力。利用多媒体网络，能够让学生对所学的知识有一个直观的认识，可以让学生通过实际操作，不断加深印象；通过网上查阅可以让学生遨游网络世界，并在教师的指导下获得大量知识。

3. 教师的创造性思维

教师的创造性思维主要表现在对学生的创造性思维的培养上，应遵循培养创造性思维的四个环节。

第一，积极培养发散性思维，做到同中求异，正向反求。

第二，积极培养形象思维，启发联想，大胆想象，不要孤立地培养形象思维，要用与逻辑思维相结合的观点培养形象思维。

第三，积极培养逻辑思维，提升对事物的分析、综合、概括能力。

第四，积极培养辩证思维，对问题进行实事求是的分析。

二、教师信息素养的提升措施

（一）营造良好的信息素养培养环境

1. 成立领导教师信息素养教育工作的专门部门

培养信息素养的环境首先应该是一个和谐的人文环境，这就需要从教育行政层面成立专门部门领导教师信息素养教育工作。教育行政部门对整个教育事业的发展方向、规模、速度以及师资队伍的建设、师资素质的要求都起着规划、决策作用。教育行政部门要充分利用各种场合和手段，进行宣传教育，使广大教师在认识到教育的历史责任感和使命感的基础上，强化信息意识和观念紧迫性、重要性的认识，从而牢固树立信息意识与信息观念。

2. 加强学校信息基础设施建设

为了提升教师的信息素养，学校要加强基础设施建设，落实学校现代化教育技术装备，对此，应从校园网建设、计算机中心建设和现代教育技术中心建设等几方面入手。

（1）校园网建设。学校信息化建设的第一个基础设施就是校园网，这是学校实现信息化的一个重要平台。建设校园网，首先，要建好学校网站，丰富学校网站网页内容；其次，要加快校园网资源建设，特别要为教学提供丰富的网络资源；最后，学校还应尽量为每位教师接触和下载网络资源提供便利。

（2）计算机中心建设。学校要加强对教师多媒体软件制作和使用方法以及网络操作技能的培训。做到这一点，就需要学校加快对计算机中心的建设，比如接入局域网或国际互联网，将校园网接入各个教师的办公室，并配备相应的课件素材库，为教师提供一个强有力的硬件基础。同时，应该让信息点延伸到学校的每个角落，使网络无处不在。

（3）现代教育技术中心建设。要提高教师的信息技术素养，现代教育技术中心建设是必不可少的。因此，有条件的地区和学校，应加大资金投入，增加教育技术所需的硬件设备，为教师信息技术素养的培养提供必要的物质基础。具体的，可建立校园广播、视频点播系统；可创办自己学校的电视接收系统；可设置多个多媒体教室，有条件的课程都在多媒体教室上课；在专业的指导下，组织教师进行学习课件的制作和相关软件的使用。

3. 积极引导教师参与信息能力培育的讲座和研讨会

为了营造良好的信息素养培养环境，学校应该多举办一些由信息能力培育机构组织相关单位的专家教授开展的讲座和研讨活动，并出版与信息素养有关的报纸、刊物、书籍等，建立信息技术网站，使教师耳濡目染，及时交流经验，提高教师获取信息的能力。

（二）强化教师自身观念的转变

要提升教师的信息素养，除了要营造一个良好的环境外，关键还是要强化教师自身观念的转变。对此，在对教师进行信息技术素养培训时，培训者应努力引导教师认识到信息技术的重要性，认识到更新教育观念的重要性，努力使教师不断更新观念、解放思想、树立新型的教育理念。教师自身也要不断努力，改变自己的传统观念，并在自己的教学过程中，努力改变传统的教学手段和教学模式。

（三）采用不同层次的培训策略

由于我国教育发展水平的区域性差异，不同地区不同学校教师的信息技术素养水平也存在较大差异，因此，要基于不同的教师群体采用不同层次的培训策略，摆脱过去单一的培训层次。

1. 基础层次

基础层次的信息技术素养培训，主要包括对信息基础知识的培训、对基础的信息操作技能的培训、对基本的信息意识的教育以及对基本的信息技术的信息化教学设计和整合能力的培训。培训时，要各有侧重，培训内容要有针对性。

2. 应用层次

（1）采取基于任务的培训方式。这种面向课程整合的教师信息技术培训，需要教师带着解决问题的思想进行培训，一般教师都会带着自己的任务来接受培训。在培训过程中，培训者应不断地完善培训计划，使接受培训的教师不仅仅掌握在本学科教学中所需要用到的信息技术，更能通过获取、分析和处理信息，加强信息化教学设计的能力，提高他们的整体信息素养。在每次培训结束后，教师都应做到带着培训理念回到学校，并应用到课堂教学中去。培训者也可直接到学校中去指导学员的课堂教学实践。

（2）信息技术与学科课程的整合。信息技术与学科课程的整合，简单来说就是指将信息技术引入学科教学中。在对教师进行信息技术与学科课程整合的培训时，要注意以下两方面。

首先，要使教师认识到，将信息技术与学科课程整合的重要意义。

其次，要指导教师将信息技术与学科课程整合的方式综合起来，主要有把信息技术作为学习资源的获取工具、把信息技术作为演示工具、把信息技术作为情境探究式学习和发现式学习的工具、把信息技术作为评测和反馈工具这几种方式。

（3）推行跨学科的培训方式。在传统的教师信息技术素养培训过程中，各学科之间教师缺少交流，而新的教育课程倡导打破学科界限，要求教师有跨学科教育的视野与思维。因此，在培训过程中，培训者应打破学科界限，让不同学科的教师共同参与学习，顺应教育课程改革发展的需要。推行跨学科培训能够使各学科教师得以开阔视野，实现多渠道、多层次的交流与协作，这是一个更高层次的培训策略。

（四）采取多元化的培训形式

面对教师信息技术素养普遍偏低、参差不齐的现状，我国应该加强对教师进行信息技术素养培训，并且培训的形式应该是多元化的，特别是在职培训，应采取校本培训、校外培训、短期培训及自发研修等多种形式。

1. 教师职前培训

从通常意义上讲，教师职前培养课程是指教师入职前的师范学习阶段的课程。它包括实习期，反映的主要是师范学习阶段师范生的学习活动、身心体验和发展状况。同时，职前教育课程不仅包括学校正规的学科教学，也应该涵盖"未来教师自己安排的学习、活动的总体计划和学习、活动本身及其过程中的非计划因素"。此外，教师职前教育是由一定的教育培养机构承担的有目的、有计划、有组织的正规教育。因此，它主要是指在学校指导之下提供给师范生的一些活动和经验。

加强对师范生的信息技术素养的培养，关系着未来教师的信息素养水平，关系着未来教育及教育信息化的大力发展。因此，师范院校要适时加强信息技术等相关专业建设，树立师范生信息观念；要注重开设与师范生所学专业相结合的信息应用课程，主要包括现代教育技术与教学设计理论，多媒体计算机操作、互联网使用与课件编制等课程。此外，师范院校还要注重加强有关教育信息化的公共选修课，选修课要避免偏重程序设计语言的学习，着重加强基本信息知识与信息伦理道德的培养。在职前培训过程中，师范生也要密切配合培训者，重视相关课程的学习。

2. 教师在职培训

目前，我国的教师信息技术素养培训仍集中在在职教师的培训上，并且信息素养低的大部分教师也主要集中在在职教师中。所以，要加强对在职教师的信息技术素养培训，采用多种培训方式，以提高教师的信息素养。

（1）校本培训。校本培训是指各个学校利用教师工作时间以外的时间自行组织的教师信息素养培训活动。校本培训的次数可多可少、时间可长可短。其形式灵活多样，可以是信息专题讲座，也可以是计算机知识培训，可以是教学观摩等。其内容比较有针对性，强调实用性，能够有效将信息技术与学科课程结合起来，使整个培训活动更具活力和效果。

（2）校外培训。校外培训是指教师暂时放下手中的教学任务，专门花一定时间全身心地投入信息技术素养培训当中，也就是所谓的"脱产"。这种培训方式也较为普遍，它的最大优势就是能使教师系统学习理论知识，获取更多的信息。校外培训的方式主要有本科、专科学位的自考与函授和信息技术教育、教育技术等学科的教育硕士学位等的学习。

（3）短期培训。短期培训主要是指由地方教育管理部门、各大专院校或师资培训中心等组织的有计划、大范围、短期集中进行的信息技术应用培训活动，如由政府部门组织的骨干教师技能培训。

（4）自发研修。自发研修是指非组织性的、自发的教师自我提升信息素养的活动组织。这一培训方式要求培训人员引导教师为提高信息技术水平和信息素养能力而自发地学习相关知识、掌握相关技能和进行相关研究的活动。具体而言，教师可采取以下一些自发研修的方式。

第一，自行参加相关的专业培训或业务研讨会，利用网络资源自学，发表教学成果。

第二，利用闲暇时间阅读教育技术和信息技术教育方面的相关杂志、专业书刊。

第三，参加网络论坛的专题讨论，交流经验、自由发言、展示自我、争取支持等。

参考文献

[1] 曾大立. 信息化教育与英语教学 [M]. 北京：九州出版社，2018.08.

[2] 樊旭，梁品超. 高等教育信息化建设与人才培养模式研究 [M]. 长春：吉林人民出版社，2019.06.

[3] 黄贤明，梁爱南，张汉君. "互联网+"背景下高等教育信息化的改革与创新研究 [M]. 长春：东北师范大学出版社，2018.07.

[4] 解继丽，邓小华，王清泉. 教育信息化促进教学改革的保障体系研究 [M]. 昆明：云南大学出版社，2015.05.

[5] 梁丽肖. 教育信息化背景下高校管理机制探究 [M]. 长春：吉林人民出版社，2021.05.

[6] 梁伟雄，沈德海. 信息化条件下的基础教育管理与教学 [M]. 广州：世界图书出版广东有限公司，2012.10.

[7] 刘凤娟. 区域基础教育信息化推进路径研究 [M]. 成都：西南交通大学出版社，2019.09.

[8] 罗桂琼. 云计算环境下教育信息化资源共建共享研究 [M]. 长春：吉林人民出版社，2017.09.

[9] 马静. 教育信息化背景下教师提升研究 [M]. 长春：吉林人民出版社，2021.06.

[10] 马启龙. 信息化教育学原理 [M]. 兰州：甘肃人民出版社，2017.12.

[11] 南国农. 信息化教育概论 [M]. 北京：高等教育出版社，2004.06.

[12] 乔立恭，高武. 信息化教育基础自构建学习理论 [M]. "￥£阳光出版社，2017.12.

[13] 孙启美. 信息化的教育技术与模式 [M]. 长春：吉林人民出版社，2004.03.

[14] 王继新，左明章，郑旭东. 信息化教育：理念、环境、资源与应用 [M]. 武汉：华中师范大学出版社，2014.11.

[15] 王晴，杨鹏聪. 高等院校信息化建设与学生思政教育管理思考 [M]. 长春：吉林大学出版社，2018.01.

[16] 尹新，杨平展. 融合与创新 高校教育信息化探索与实践 [M]. 长沙：湖南科学技术出版社，2018.12.

[17] 张贞云. 教育信息化 [M]. 青岛：中国海洋大学出版社，2018.11.

[18] 钟元生, 李普聪. 教育信息化投入机制改革研究 [M]. 南昌: 江西科学技术出版社, 2009.12.

[19] 周平红. 我国高等教育信息化水平测评与发展预测研究 [M]. 武汉: 华中师范大学出版社, 2018.12.

[20] 祝智庭, 沈书生, 顾小清. 实用教育技术 [M]. 北京: 教育科学出版社, 2008.02.